山东省文化和旅游厅组织编写

山东省级非物质文化遗产普及读本

传统舞蹈卷

（上）

山东城市出版传媒集团·济南出版社

图书在版编目（CIP）数据

山东省级非物质文化遗产普及读本.传统舞蹈卷.上/山东省文化和旅游厅编. -- 济南：济南出版社，2019.1
ISBN 978-7-5488-3515-8

Ⅰ.①山… Ⅱ.①山… Ⅲ.①非物质文化遗产－山东－普及读物②民间舞蹈－介绍－山东 Ⅳ.①G127.52-49②J722.21

中国版本图书馆CIP数据核字(2018)第295893号

出 版 人	崔　刚
责任编辑	李廷婷
图书审读	任肖琳
封面设计	李海峰
出版发行	济南出版社
地　　址	山东省济南市二环南路1号（250002）
编辑热线	0531-86131747（编辑室）
发行热线	86131747 82709072 86131729 86131728（发行部）
印　　刷	济南乾丰印刷有限公司
版　　次	2019年1月第1版
印　　次	2019年1月第1次印刷
成品尺寸	170mm×240mm 16开
印　　张	8.5
字　　数	120千
印　　数	1—6000册
定　　价	48.00元

（济南版图书，如有印装错误，请与出版社联系调换。
联系电话：0531-86131736）

编委会

编委会主任：王　磊

编委会副主任：李国琳

编　　　委：王　尚　蒋士秋　冀瑞雪　楚国帅

主　　　编：李国琳

副　主　编：王　尚　蒋士秋

参编人员：卞　辉　楚国帅　高登峰　冀春鑫　晋新杰
　　　　　任淑芸　孙　悦　田西凯　王孟飞　王冠霖
　　　　　相家云　张　晗

序　言

习近平总书记指出："文化是一个国家、一个民族的灵魂。文化兴国运兴，文化强民族强。中华优秀传统文化是我们最深厚的文化软实力，也是中国特色社会主义植根的文化沃土。要积极推动中华优秀传统文化创造性转化、创新性发展。"在悠悠五千年的历史长河中，中华文明绵延不绝，历久弥新，孕育了丰富的精神文化财富。非物质文化遗产是中华优秀传统文化的重要组成部分，代表中华民族鲜活的文化基因，是民族历史的传承和民族精神的凝缩，是自古以来劳动人民智慧的生动展现。传承和弘扬中华民族优秀传统文化，挖掘和保护中华民族非物质文化遗产，研究和利用齐鲁大地的优秀文化遗产，是时代的要求，是历史的必然，是人民的期盼。

山东是孔孟之乡，礼仪之邦，拥有悠久的历史和灿烂的文明。在这片广袤的齐鲁大地上，生长着韵味十足、特色鲜明的非物质文化遗产。神秘动人的民间文学、地域鲜明的民俗传统、风格迥异的传统音乐、独具神韵的传统舞蹈、意味无穷的传统美术、丰韵绵长的戏剧曲艺、通灵入化的体艺杂技、创意灵动的手工技艺，都饱含着齐鲁儿女的创造力，深藏着齐鲁大地的智慧，是齐鲁文化的重要代表之一。灿烂的非物质文化遗产充分展现了齐鲁儿女独具品味的审美个性和别具一格的思维方式，是山东文化发展的见证。

山东是非遗大省，非物质文化遗产资源极其丰富，非遗保护工作一直走在全国前列。目前，我省共有联合国教科文组织认定的"人类非遗代表作名录"项目8个，国家级名录173项，省级名录751项，现有国家级传承人94名，省级传承人447名，3家企业被文化和旅游部命名为"国家级非遗生产性保护示范基地"，共有68个省级非遗生产性保护示范基地，有1个国家级、10个省级文化生态保护实验区。为弘扬中华优秀传统文化，充分展现我省非物质文化遗产的博大精深和独特魅力，山东省文化和旅游厅组织编纂了《山东省级非物质文化遗产普及读本》系列丛书，本套书分辑出版。第一辑共5册，包括民间文学类3册，包含80个省级民间文学项目；民俗类2册，包含50个省级民俗项目。第二辑共8册，240个省级非遗项目，包括传统音乐类上下册，有55个省级传统音乐项目；传统舞蹈类上下册，有70个省级传统舞蹈项目；传统戏剧类上下册，有66个省级传统戏剧项目；曲艺类上下册，有49个省级曲艺项目。以后还会陆续编纂其他系列的丛书。本套丛书内容主要是以各市、各单位申报省级非物质文化遗产代表性项目的素材资料为依据。

本套丛书通过故事叙述与文化阐释相结合，以图补文与多方视角来讲述，涵盖历史渊源、基本内容、表现形态、传承发展、社会价值等方面。相信通过此套丛书的出版，必将使广大读者更加生动、全面、系统地了解山东省非物质文化遗产的传承历史、表现形态、文化内涵及保护现状，必将进一步增强广大群众的文化自信和文化自豪感。下一步，我们将以习近平新时代中国特色社会主义思想为引领，深入贯彻党的十九大精神，不断弘扬中华优秀传统文化，不断推动文化建设向纵深发展，为满足人民群众对美好生活的向往，丰富广大人民群众的文化生活，保障广大人民群众的文化权益，为深入推进经济文化强省建设，实现中华民族伟大复兴的中国梦而贡献更大的力量。

山东省文化和旅游厅党组书记、厅长　王　磊

目录 CONTENTS

山东省级非物质文化遗产普及读本　　传统舞蹈卷·上

手龙绣球灯	001
章丘芯子	005
鼓子秧歌（济阳）	008
鼓子秧歌（商河）	011
花鞭鼓舞	015
胶州秧歌	019
磁村花鼓	024
踩寸子	027
阁子里芯子	031
周村芯子	035
鲁南花鼓	039
陈官短穗花鼓	043
栖霞八卦鼓舞	047
海阳大秧歌	051
阴阳板	055
百兽图	059
独杆跷	063

逛 荡 灯 …………………………………………………… 066

颜庄村花鼓锣子 …………………………………………… 069

龙灯扛阁 …………………………………………………… 073

绣球灯舞 …………………………………………………… 076

抬 花 杠 …………………………………………………… 079

莘城镇温庄火狮子 ………………………………………… 083

柳林花鼓 …………………………………………………… 086

鼓子秧歌（阳信）………………………………………… 090

商 羊 舞 …………………………………………………… 094

梆鼓秧歌 …………………………………………………… 097

加 古 通 …………………………………………………… 101

莱西秧歌 …………………………………………………… 105

四蟹抢船 …………………………………………………… 109

独 杆 轿 …………………………………………………… 112

盐垛斗虎 …………………………………………………… 114

福山雷鼓 …………………………………………………… 117

月 宫 图 …………………………………………………… 120

闹 海 ……………………………………………………… 125

手龙绣球灯

2006年,济南市长清区的"手龙绣球灯"被山东省人民政府列入第一批省级非物质文化遗产名录。

手龙绣球灯起源于山东省济南市长清区境内的赵营村,是以手龙和绣球灯为道具,以武术和民间艺术相结合的一种舞蹈艺术形式。

相传,大约在明末清初(约1616年)的夏末,凶猛的黄河水冲破了长堤,淹没了长清区内的低洼地区,并严重威胁着济南市区。此事被龙王爷的第六子知道了,他主动向龙王爷请求下凡降水救灾。龙王爷答应了,并嘱咐只准许他一人前往。这件事被龙王爷的第九子知道了,他愿意同其兄长前往,便私自下凡。兄弟二人降水成功,返回龙宫。龙王得知二子一同下凡降水后大怒,认为他们违反了天条戒律,将二子分尸。水灾过后,地处水淹区的赵家营的人们为报答两位龙子降治水灾之恩,将龙头弄成泥塑供奉于庙堂,后又扎制成两个龙头走街串巷,让百姓叩谢。后来人

图一　手龙

图二　手龙表演者

们认为只扎制龙头是对龙的大不敬，于是，又扎制了若干个绣球紧随其后，与之相接似龙身，形成了一个龙体。为了感激龙恩，祈求平安，在漫长的岁月中，人们编排了以龙为主题的民间舞蹈——手龙绣球灯。

手龙绣球灯是手龙和绣球灯相结合的舞蹈艺术。该舞蹈在形成初期，有一个领头绣球灯前行领舞，一个手龙和十四个绣球灯紧随其后，共十六人表演，后改为八条龙和八十个绣球灯组成的表演。原来的基本动作和套路比较单调和乏味，后几经修改和完善，该舞在原有的基础上增加了一些高难度动作，与原手龙绣球灯的动作相融合，在表演时具有刚劲有力、阵容庞大、气势磅礴、动作舒展优美、画面变化多端的特点。表演者的快步如行云流水，慢步坚实有力。

手龙绣球灯的完善和日趋成熟是劳动人民智慧的结晶，每一招每一式都展现、凝结着民间艺人的心血，是他们把动作编排得有血有肉，表演得淋漓尽致。手龙绣球灯以瓦步、云步、起、蹲、跳、跑、扑步、虚步托珠、瓦步托珠、瓦步晃珠、抖珠、旋子和空翻等为基本动作，以龙出水、跳龙门、麦浪翻滚、穿马花、双脱皮、四门斗、卧龙、对灯、龙折身、八龙打囤、丰收圆囤、倒挂金钟、二龙戏珠、二龙腾空、单桥（反扫堂）、龙舟、半月桥、龙珠穿花、群龙戏珠、群珠飞舞、龙盘柱吐雾、龙摆尾等套路为链条，把整个舞蹈衔接起来。手龙绣球灯在锣鼓的伴奏下，表演者手持手龙或绣球，在行进中用各种动作组成形式多样的套路和造型，充分表现了人们喜庆丰收和祈求平安的欢快心情。

手龙绣球灯以龙为歌颂对象，体现了华夏子孙对龙的崇拜；以武术动作为

图三 龙舟造型

主体,以武打对阵的方式为主要表演形式,充分展示了手龙绣球灯的武术性。手龙绣球灯从头至尾都是以表演的形式进行,整个表演过程既表现出龙的自然属性之美,又展现出人体动作之美,具有强身健体、赏心悦目等特点。除此之外,手龙绣球灯具有鲜明的舞蹈动作特点,有弹、跳、起、蹲、伸、展、瓦步、云步等动作,动作的连续性和爆发力强。

手龙绣球灯被誉为"中华一绝",在400多年的发展过程中,它之所以能传承不息,日臻完善,是因为集中表达了劳动人民的心愿。手龙绣球灯以歌颂龙为主体的舞蹈形式,表现了龙的传人对龙的信仰,体现了华夏民族的凝聚力和向心力。

手龙绣球灯来源于劳动人民的生活,扎根于劳动人民的生活,深受广大劳动人民的喜爱,对于丰富群众文化生活,增强团结,增进友谊具有重要作用。手龙绣球灯曾在"1991年世界旅游日开幕式"上演出,得到了人们的一致好评。手龙绣球灯的演出提高了长清的知名度,促进和带动了当地各项事业的发展。

手龙绣球灯所具有的研究价值不言而喻。因其产生于长清区赵营村,为我们研究当时的龙文化和民俗文化,也为研究当地劳动人民对龙的无限崇拜和他们祈求平安的心理提供了翔实的历史资料。

手龙绣球灯由一系列连贯的动作构成，虽然是在大地上表演，但整个过程表现了龙在空中腾云驾雾和群龙腾飞的场面，是人与物从形体到艺术上的完美结合，是人们对龙的崇拜之情的艺术升华，具有丰富的美学内涵。

手龙绣球灯经艺人们的不断完善，形成了一套具有地方特色的舞蹈表演艺术形式。现在，长清区形成了以城区为中心的保护区，对手龙绣球灯艺术进行重点保护。同时人们还利用农闲季节，搞好手龙绣球灯培训，不断提高艺术水平。

章丘芯子

> 2006年，济南市章丘市（现改为济南市章丘区）的"章丘芯子"被山东省人民政府列入第一批省级非物质文化遗产名录。2008年，被国务院列入第二批国家级非物质文化遗产名录。

芯子是扮玩活动中的一种民间艺术形式，因为酷似蜡烛台上的灯芯而得名。据民间艺人讲述，章丘芯子起源于明朝，是受颤轿的启发而产生的。起初人们为了驱逐邪魔，祈求吉祥，将男女儿童装扮成神话中的天神形象，在扎制的平台上或方桌上移动，后来逐渐演化成一种文化娱乐形式。芯子经过几代民间艺人的创造与革新，在造型、制作工艺、演出内容、表演技巧等方面日益丰富和完善，具有较高的观赏性和艺术性，颇受观众喜爱。芯子的表演内容多取材于戏剧情节、场面或神话故事。根据人物多少、造型、表演方式的不同，章丘芯子又分为桌芯子、转芯子、单杆芯子、扛芯子、车芯子等类型。

转芯子是章丘芯子艺术发展的高峰，又分为单转芯子和双转芯子两种。由于表演者在芯子架上翻跟头，所以也叫跟头芯子。章丘区文祖镇三德范村的转芯子最有名气。据三德范村民间老艺人张世聪讲述，传说转芯子源于明末清初，是章丘区垛庄镇南明村民间艺人创造出来的，后来三德范村民间艺人到南明村走亲戚，学会了这项技艺并将其带回三德范村，经过几代民间艺人的革新，日臻完善。

图一 章丘芯子

转芯子表演形式集乐、舞于一体。表演时舞随乐动，锣鼓声势要大，节奏与抬杆颤幅保持一致；抬杆者腰稍弓，腿稍弯，慢步轻摇，抖动抬杆上下颤动；小演员双手持彩绸等道具随颤动同舞，有的小演员还可以在架子上做倒立、翻跟头等惊险动作。除此之外，转芯子会表演一些风趣幽默、滑稽惊险的内容，《王小赶脚》是经常表演的节目。"二姑娘"和"王小"被固定在一个装置的两端，"二姑娘"的道具是"驴"，扮相是"二姑娘骑驴"；"王小"的扮相是头戴鸭咀毡帽，身穿蓝褂白裤，手持马鞭。表演时，"王小"在装置上高步慢走，推芯杆转动，身体前倾，与"二姑娘"不时交流眼神，时而仰起头喊一声"驾"，手中马鞭一挥，"二姑娘"一手拍"驴屁股"，一手勒动"驴头"猛一抬，芯子转动速度加快，"王小"顺势翻个跟头，动作连贯，配合默契。小演员表演认真，一串幽默滑稽的动作下来，常令观众笑得前仰后合。

扛芯子是章丘东北部地区独有的一种集乐、舞为一体的杂技艺术表演形式，传说是清朝乾隆年间受傀儡戏（木偶戏）的启迪而产生的。扛芯子的起源与发展，跟当地的民间祭祀活动有着密不可分的联系。每年农历正月十五前后，人们为了驱逐邪魔，祈求吉祥和风调雨顺，就将扎好的男女儿童玩偶扮成神话传说中的神仙形象，在锣鼓声中向寺庙或祠堂进发。到达目的地后，人们烧香、磕头、跪拜，然后扛着这些玩偶表演。后来，人们为了增加这种杂技的观赏性，就把肩上扛的玩偶换成了真的儿童，同时也增加了这种艺术形式的惊险程度。

扛芯子表演时舞随乐动。一架扛芯子由一名身强体壮的男演员、一名儿童演员，以及一副铁芯架、绑带、装饰物等组成。铁芯架由座叉、花杆和站叉组成。座叉像个背心套在扛芯子演员身上，用绑带扎稳。花杆和座叉是打制连接在一起的，先将站叉紧固在花杆上，再将小演员固定在站叉上。表演由两人协调完成，边走边舞，扛者在下面走着类似于秧歌的舞步，芯子在上面做着各种与演出角色相关的动作。人们在观看表演时，往往被上方芯子的表演吸引。

章丘芯子有着其他艺术形式不可比拟的价

图二　章丘芯子

值，祭祀性是其一大特性。每年元宵节表演章丘芯子，已形成一个固定性演出。章丘芯子把乐、舞很好地融合在一起，又具有综合性的特征。章丘芯子在演出时能给人带来愉悦感，既有杂技的惊险，又有舞蹈的美感。章丘芯子的娱乐性颇受百姓喜爱，具有较高的观赏性和艺术性。如果我们细细看小演员们扮演的角色，就能体会到众多历史名人对人民群众的影响。人民群众既忘不了那些为人民做过有益活动的人，也不会忘记鞭挞那些有负于人民的人。这是章丘芯子的历史性特征。

章丘芯子之所以留传至今，是因为它的形式和内容都深受人民群众的喜爱。章丘芯子不仅丰富了人民群众的业余文化生活，还给人民群众提供了一种表达情感和愿望的平台，对构建和谐社会具有重要作用。章丘芯子多次参加文艺会演并获奖，使章丘区的知名度得到了一定程度的提高，为促进章丘区经济、社会、文化各项事业的发展，产生了积极的影响。

章丘芯子这一艺术形式对于学术研究也具有一定的价值。章丘芯子的产生、发展、传承可以很直接地反映当地人民群众的生活和情感，可以丰富我国杂技领域的多门学科，同时也为杂技领域的发展提供了宝贵的资料。

任何一种可以流传至今的艺术形式，都有它的美学价值，而章丘芯子表现的是一种力量与灵巧结合的美。章丘芯子的成年演员一方面要保持平衡，不能让他上面的芯子掉下来，另一方面还要和着鼓点进行类似秧歌一样的舞蹈，这同样也体现了劳动人民的智慧。

鼓子秧歌（济阳）

> 2006年，济阳县（现改为济南市济阳区）的"鼓子秧歌"被山东省人民政府列入第一批省级非物质文化遗产名录。

济阳区位于鲁北平原的南部，南靠黄河，西临齐河，北接临邑和商河，东接惠民。济阳、临邑、商河成三角矗立于鲁北平原，黄河、徒骇河穿越三角地带。济阳土壤肥沃，资源丰富，具有深厚的历史文化底蕴，拥有多处重点文物保护单位和古建筑。济阳有闻名海内外的刘台西周早期诸侯墓地，距今几千年历史的大汶口文化时期的玉皇冢遗址，以及闻名遐迩的孔子闻韶台遗址。济阳也是明末清初的经学大师张尔岐（稷若）的故乡。同耕一片土，共饮一河水，形成了共同的民间文化习俗，具有鲁北平原鲜明特色的鼓子秧歌就诞生在这片土地上。

据当地民间老艺人讲述，北宋年间，黄河水患不断，人民生活在水深火热之中，但是鲁北平原的劳动人民仍开垦土地，勤奋耕作。当他们获得丰收的时候，便拿起耕作收种的杈耙、棍棒等劳动工具，情不自禁地击打工具而舞，一边撞击敲打，一边手舞足蹈。无论男女老少，都会参与其中，群起舞动，鼓子秧歌的伞、鼓、棒、花的角色也逐渐形成。到了明清时期，鼓子秧歌非常盛行，每逢重大节日、祭祀或庆典，都要有鼓子秧歌的参与，鼓子秧歌也成为当地民俗活动的重要组成部分。随着时间的推移，鲁北地区逐渐形成了特有的民间舞蹈形式，并在济阳区仁风镇扎根成长，后来又逐渐扩展到济阳的三教、姜

图一 济阳鼓子秧歌演出

集、索庙、曲堤、唐庙等徒骇河沿岸的一些村庄。

济阳鼓子秧歌具有鲜明的特色，其主要角色可以分为伞、鼓、棒、花。伞分为丑伞和小伞，丑伞扮相代表老者，负责领舞。丑伞的基本动作有颠颤步转伞、拔地步转伞、蹲跺步转伞、高架转伞、兜伞、跳翻伞等。鼓的扮相威武健壮，动作大起大落、粗犷豪放。鼓的基本动作有蹲鼓子、抡鼓子、扑鼓子、怀中抱月等。棒的扮相为青年，动作矫健洒脱。棒的基本动作有抽击棒、搓击棒、盖击棒、推击棒、对击棒、拉花棒、海底捞月、连五响等。花的扮相为青年女性。花的基本动作有飘逸步、半遮面、点翻身、快翻身、正反架拉花、回头望月、碎步等。稳健的丑伞、俊健的小伞、刚烈的手鼓、矫健洒脱的棒、柔美的拉花，组成一支庞大的演出队伍。

受古人"天圆地方"认识论的影响，济阳鼓子秧歌演出的队形大多数是圆形和方形。演出场图基本是来自古代建筑、生产、生活中的相关用具和事物，如双十字街、倒提门、黄瓜架、牛鼻钳、金钱眼、上天梯、拧麻花等。

鼓子秧歌一般用打击乐器伴奏，乐队有大鼓、大钹、铙钹、大锣、小镲、笙和唢呐等。鼓子秧歌中的打击乐是以大鼓为指挥，打击乐在秧歌表演中一般有四种不同的节奏和敲击手法，即慢板、中板、快板、文场。它不但在节奏、力度、情绪及鼓点上有着明显的不同，而且是场式变换、调动演员情绪及烘托

图二　济阳鼓子秧歌演出

气氛的主要手段，充分表达了鼓子秧歌舞蹈韵律中所具有的刚劲、强健和冲击力。打击乐所造成的音响空间效应，充分调动和提高了演员心理的兴奋程度，继而促使演员的动作幅度增大，整个演出场景出现了翻江倒海、气贯长虹、勇往直前的磅礴气势。

济阳鼓子秧歌是济阳人民智慧的结晶，是劳动人民庆祝丰收的舞蹈，体现了济阳人民的纯朴善良、热情好客。鼓子秧歌具有很高的艺术欣赏价值，也具有旺盛的生命力和鲜明的地方特色，是民间广场舞蹈艺术的经典。

来自黄河之滨、徒骇河畔的济阳鼓子秧歌，跨越时空，誉满神州，走向世界。丰厚的齐鲁传统文化和鲁北地区的自然环境，铸就了济阳人强壮的体魄和刚毅威猛的性格。奔放不羁的豪情与所使用的道具融汇成磅礴的气势，形成了一种粗犷豪迈、英武矫健的形象和特有的风格韵律。鼓子秧歌跳出了山东好汉的雄姿与英雄气概，它如泰山般凝重，如黄河水般汹涌，在历史的长河中悠远绵长。

图三　济阳鼓子秧歌获得"山花奖"

鼓子秧歌（商河）

2006年，商河县的"鼓子秧歌"被山东省人民政府列入第一批省级非物质文化遗产名录。2006年，被国务院列入第一批国家级非物质文化遗产名录。

鼓子秧歌孕育于宋代，形成于明代，盛行于清代并传承至今，是鲁北平原上广泛流传的最为普遍的一种集歌、舞、丑为一体的舞蹈艺术形式。

鼓子秧歌的起源和发展与商河当地的民间祭祀活动有着千丝万缕的联系。早在明嘉靖年间，《商河县志》中记载："立春前一日……里人行户扮渔（夫）、樵（夫）、耕（农夫）、读（书生）诸戏……"商河当地祭祀活动通常包括

图一　鼓子秧歌表演

本村祭家祖，路遇寺庙祭众神，他村演出拜家庙等。在锣鼓声中，松子灯灯火通明，人们向寺庙或祠堂进发，一路行进一路撒小米，到目的地后，烧香、磕头、跪拜，然后秧歌队开始表演。人们用这样隆重而盛大的祭祀活动来表达对先人的悼念，并祈求子孙后代平安。

旧时的鼓子秧歌表演形式集歌、舞、丑于一体。表演者经常演唱的歌曲多以民间故事、历史传说、日常生活为主，富有浓郁的乡土气息和生活情趣，如《摇葫芦》《打岔》《鸳鸯嫁老雕》《馋老婆吃狗》《大观灯》《小观灯》等。通常在表演时先舞后歌，或者歌者不舞、舞者不歌。

秧歌的角色分为伞头、鼓子、棒槌、拉花、丑角五种，是以舞者所用的道具名称命名的。如伞头，左手握平顶伞，右手拿牛胯骨，多是老者形象，是演出的指挥者。鼓子左手握两面圆形小鼓，右手持鼓槌。棒槌双手各握一根枣木棒，棒头两端带穗。拉花右手持彩扇，左手拿绸巾。另外，丑角（又称"外角"）扮赃官、傻妮、憨老婆、傻小子等，丑角不固定，可多可少，也可有可无。

鼓子秧歌，又称"跑秧歌"，因为舞者表演时自始至终都在不停地跑动，分文场、武场、文武场三种。文场以跑为主，舞者不做动作，鼓棒均不响；武场时舞者停止跑动，在各自的位置上同时做各自的动作；文武场时，舞者在跑动中于中心或交叉处相同角色轮番做动作。其表演特点为文场寂静、武场激烈，文武结合则此起彼伏、有张有弛。鼓子秧歌场图十分丰富，大都来自劳动工具、生活用品、建筑、花卉、历史故事、神话传说，演出阵式和路线变化错综复杂，简单者需几十人，复杂的场子需上百人方能完成，如"八条街""四门斗""石榴花""蒜瓣子""迷魂阵""四马卷蹄"等，这样庞大复杂的舞蹈场子舞起来有极其严密的组织形式，跑不散、舞不乱，整齐划一，动静有序。

鼓子秧歌的表演器具分演员道具和鼓乐队乐器两部分。演员道具主要有四种：伞头的道具是平顶皇伞，各类伞的直径大小不一，伞套颜色多样；鼓子左手持双面牛皮圆鼓，右手持鼓棍击打起舞；棒槌持双棒，棒端缀彩缨，多以枣木制成；花分地花、跷花两种，地花手持绸巾、彩扇，跷花手持花篮、花束、拂尘等不同物件。鼓子秧歌鼓乐队乐器由一个大鼓、两个铙、两个镲、两个锣组成，大鼓面直径80厘米~120厘米，高60厘米~80厘米，配有万向轮鼓架。此外，还有二胡、笛子、板胡等伴奏乐器。

伴随着民俗活动的延续，明清以后，鼓子秧歌在元宵节期间祭神祭祖，闹元宵，是有固定节令性的演出，祭祀性便成为鼓子秧歌最大的特点。鼓子秧歌这种舞蹈艺术形式的特征十分明显。同时鼓子秧歌给人带来厚重的历史感，"圆场"始，"方场"终，"天圆""地方"，经纬相交，纵横相错，场阵的形状、方位、技巧等均出现对称与平衡状态。鼓子秧歌具有综合性的特征，在一场演出中：武场——鼓子秧歌——民歌——杂耍——狮子——旱船——鼓子秧歌等。鼓子演出活动一般在村与村之间进行，从进村演出到出村，有自娱娱人的特征。而观众欣赏鼓子秧歌，上至老人，下至儿童，大有跃跃欲跳之感，这又使得鼓子秧歌具有鼓动性。鼓子秧歌的动作性十分鲜明，如"跑"，跑起来后蹬扒地，步大有力，上下结合相互作用，从整体上形成统一的舞蹈动律和舞蹈内涵。

商河鼓子秧歌被誉为"北方汉族男性舞蹈的代表"，它之所以能够代代相

图二　鼓子秧歌表演

传，经久不衰，是因为集中表达了人们的愿望和呼声，成为人们的一种精神寄托。鼓子秧歌凝聚着人心，汇聚着力量，成为人们生活不可缺少的重要组成部分，伴随着历史前进的步伐世代传承，不断进步，不断走向新的文明。

鼓子秧歌深深扎根于人民群众生活之中，深受人们的喜爱。鼓子秧歌丰富了群众的文化生活，表达了人民的情感和愿望，促进了交流，增强了团结，增进了友谊，促进了社会的和谐发展与进步。鼓子秧歌这一舞蹈形式多次出现在全国民间舞蹈大赛上，受到全国人民乃至世界人民的广泛关注，提高了商河的知名度，为促进经济、文化等各项事业的发展，产生了积极而深远的影响。鼓子秧歌走出了广场，走上了舞台，走进了市、省乃至国家艺术院校的课堂，为丰富艺术教育内容，为国家培养更多的艺术人才，发挥着积极的作用。

鼓子秧歌不仅在我国舞蹈领域中具有鲜明的艺术特色，而且为中国舞蹈史学、舞蹈教育学、舞蹈美学、舞蹈民俗学、舞蹈社会学等提供了保障。它对研究我国舞蹈文化艺术，探究人们的传统心理结构、精神趋向和美学思想，提供了宝贵的历史资料。

为了更好地传承与保护鼓子秧歌，在商河县形成了以县城为中心，以不同风格特色为依据而划分的东、西、南、北四个保护区，对各具特色的鼓子秧歌艺术进行重点保护。与此同时，鼓子秧歌走进了中小学的艺术教学课程，有了年轻的传承力量。冬闲季节，鼓子秧歌人才会接受集中培训；每年春节、元宵节，商河县会举行全县鼓子秧歌会演，这些都促进了鼓子秧歌继续在齐鲁大地的蓬勃发展。

花鞭鼓舞

> 2006年，商河县的"花鞭鼓舞"被山东省人民政府列入第一批省级非物质文化遗产名录。2008年，被国务院列入第二批国家级非物质文化遗产名录。

花鞭鼓舞是流传于商河县张坊乡一带的民间艺术形式。据老艺人王厚风、王安奎、张凤云等口述：光绪二十九年（1903年），商河当地的王立礼、王立义两兄弟在北京卖艺时与广饶县陈官乡花鼓艺人张延水相识，他们同拜在京都的著名花鞭鼓舞艺人李桂珍、李明雄兄弟为师，提高了花鞭鼓舞的技艺与套路。回乡后，王立礼、王立义兄弟二人把这种舞技传给了当地艺人。光绪三十四年（1908年）十月初一，是慈禧太后的74岁寿辰，宫内连演六日，以示祝贺。前五日均为皮黄戏、昆曲等节目，最后一日，则将民间著名艺人选入宫内，此时王立礼、王立义兄弟二人因技艺精湛被选召入宫。兄弟献艺时，拴鼓的绳子断了，皇帝下令，拿来一捆黄龙绳送给兄弟二人。兄弟二人回乡后，村里每逢喜事都用黄龙绳捆绑嫁妆，共享皇恩。

商河县地处山东省鲁北平原，南距黄河35公里，东靠滨州市的惠民，北与德州市乐陵接壤，西与德州市临邑为邻。商河县历史悠久，春秋时称麦邱邑，西汉置朸县，后称般县、湿沃县，隋改滴河，宋元祐元年（1086年）改商河至今。商河县距武圣孙子故里惠民县35公里，距文圣孔子在齐国听《韶》乐的

图一　花鼓

济阳曲堤仅30公里。特殊的地理环境和人文环境使商河县民间舞蹈艺术丰富多彩，花鞭鼓舞是最为典型的代表之一。张坊乡苟家村的张氏家族几代人都会跳花鞭鼓舞，花鞭沸腾似金蛇狂舞，令人眼花缭乱，目不暇接；鼓音咚咚，像战马奔腾，使人情绪振奋，热血沸腾。

花鞭鼓舞的道具有鞭、花鼓、服装等。鞭的长度为50厘米，是由两根牛皮条制作的，分别拴在两个鼓槌上。从鞭头开始向上分别系有两个疙瘩，鞭子粗如小指，上面缠有各种彩色毛线，因此称为花鞭鼓舞。花鼓的样式同腰鼓相同，两个鼓面用牛皮蒙住，鼓面的直径为15厘米；鼓棒是用木料制作的，颜色为大红色；鼓长30厘米，在鼓上系有一条红绸带，以方便演员将鼓背在肩上。服装方面，表演者为武生打扮，头戴马尾透风（巾）帽，上穿黑跨衣，腰系缎子，下身穿黑色灯笼裤，脚上穿薄底快靴。

花鞭鼓舞自形成以来具备了许多不同于其他艺术形式的基本特征。花鞭鼓舞伴随着民俗活动产生和发展，形成了对民间习俗的依存性特征。在长期的民间艺术活动中，花鞭鼓舞形成了与礼俗活动一样的程序性特征。场阵的变化是

图二 花鞭鼓舞

花鞭鼓舞的一大特色,花鞭鼓舞场子变化多,舞蹈动作规范且有固定的节奏,形成了独特的舞蹈阵势。观众对一般民间舞蹈只是欣赏,但看花鞭鼓舞有一种团结拼搏、跃跃欲跳之感。因此,花鞭鼓舞具有很好的互动性。

花鞭鼓舞作为一种独特的民间传统艺术,在其传承与发展的过程中,丰富了群众的文化生活,传承了中华民族的优秀文化,具有较高的学术研究价值、历史价值和现实价值。

在学术研究方面,花鞭鼓舞具有较高的研究价值。花鞭鼓舞的舞蹈动作由完美性、技巧性的动作构成,体现了人们丰富的想象力和感染力;在舞蹈技巧中,形成内部有韵味的形式,有情感、有生命力的动作,表现了舞蹈最美的追求。花鞭鼓舞是一种流传于民间的优秀舞蹈艺术,是中华民族传统舞蹈的典范,是宝贵的非物质文化遗产。花鞭鼓舞以其深厚的文化积淀、完备精美的动作、丰富多彩的服装样式,丰富了中华优秀传统文化宝库。

在当今社会,花鞭鼓舞仍有其现实价值,挖掘、抢救、保护花鞭鼓舞,对丰富人民群众的精神文化生活,弘扬民间艺术,提高人民群众的素

图三　花鞭鼓舞演员

质，促进社会全面发展，构建和谐社会，都具有重要的促进作用。

近年来，花鞭鼓舞多次参加民间艺术大赛，受到广大群众的欢迎。花鞭鼓舞已选入《中国民族民间舞蹈集成》（山东卷）。为传承弘扬花鞭鼓舞，从娃娃抓起，在学校开展花鞭鼓舞培训；举办花鞭鼓舞民间艺术会演等。这一系列的活动，都使得花鞭鼓舞继续在齐鲁大地上更好更快地发展。

胶州秧歌

> 2006年，胶州市的"胶州秧歌"被山东省人民政府列入第一批省级非物质文化遗产名录。2006年，被国务院列入第一批国家级非物质文化遗产名录。

胶州秧歌最早诞生于山东省胶州市东小屯村，据秧歌老艺人说："东小屯村马、赵两姓为胶州秧歌的始祖，至今有三百多年的历史。"相传明末清初，东小屯村马姓和赵姓两户人家因天灾兵祸，离家出走流浪关东。逃荒路上，老头背腰鼓，老太婆背翠花包（一种装妇女用品的包裹），儿子挥舞打狗棍，儿媳、孙女则以团扇、彩巾做道具，边舞边唱，沿路行乞。12年后，两户人返回胶州，这种表演形式便是胶州秧歌的雏形。

据《增修胶州志》载："上元，张灯火，陈杂剧，喧阗竟夜……"《增修胶州志》中的"杂剧"应为胶州秧歌。清代胶州文人宋观炜（1838—1882）在家乡时作《秧歌词》12首，对秧歌的行当、服饰、道具及表演形态都有形象的描述，可见当时的胶州秧歌已日臻成熟。

1864年，胶州楼子埠村人刘彩（1834—1918）开始收徒弟，教习秧歌，称为"安锅"。这是关于胶州秧歌走向规范化的最早记录。同年，胶州马店中村人纪鸣珂（约1834—1914）、殷洪琴（约1840—1898）口头创作了小戏剧本《裂裹脚》，这是有记载的最早的秧歌剧本。此后，人们把胶州

图一 胶州秧歌表演

秧歌舞蹈部分称作"小调秧歌",把戏剧部分称作"小戏秧歌"。

自刘彩成立第一个"安锅"点起,此后70年左右的时间里,胶州境内相继成立了近百个"安锅"点,并影响到周边区域。"安锅"形式的出现,使胶州秧歌开始了营业性演出。演出形式受当地风俗影响,形成了一套完整的程序。1949年以后,胶州成立了150多支秧歌队,但基本上都不采用"安锅"的方式了。1951年,山东省组织专家对胶州秧歌进行挖掘整理和宣传推广,使胶州秧歌这朵艺术奇葩绽放出夺目的光彩。1954年,胶州秧歌参加"全国民间舞蹈汇演",先后在首都工人俱乐部、清华大学、北京大学等地演出,自此胶州秧歌享誉全国。

胶州秧歌共有六个行当、两种表现形式、两种流派和一整套演出习俗。

胶州秧歌的六个行当分别是膏药客、翠花、扇女、小嫚、棒槌和鼓子。膏药客,又称伞头,不介入舞蹈和戏剧表演之中,打诨逗趣,没有固定的表演形式,因其出口成章,善于即兴发挥,被群众称为"卖狗皮膏药的",现在演出时已不再用。翠花,又称老旦、青衣、彩旦,代表中老年女性,因身背翠花包而得名,多是泼辣幽默、活泼大方的形象。扇女,别名青衣、闺门旦,代表青年女性,细腻多姿,温柔俏丽。小嫚也叫花旦,象征活泼俏丽、含蓄柔美的少女形象。棒槌还称武生、小生等,因手舞两只木棒而得名,是英武矫健、利落挺拔的青年男性的代表。鼓子代表中老年男性,因早期表演身背腰鼓而得名,其特点是幽默诙谐、粗犷豪放。

胶州秧歌具有两种表现形式,即小调秧歌和小戏秧歌。小调秧歌是胶州秧歌的舞蹈部分,常用队形和舞蹈动作丰富多样。小戏秧歌由小调秧歌派生出来,其舞蹈动律、曲牌演唱、表演行当与小调秧歌基本相同。

胶州秧歌又分为以粗犷豪放风格见长的"武秧歌"和以妩媚细腻见长的"文秧歌"两种流派,多年来文武两派相互竞争,又相互学习,逐渐融为一体。

一整套演出习俗是指胶州秧歌是广场艺术,都是在村落的空地演出,每到一个地方演出时都有迎秧歌、拜庙、拜爷、演出、领赏这五种习俗。但后来"安锅"的方式逐渐不存在了,这种演出习俗也随之消失。

作为一种风格独特的民间舞蹈,胶州秧歌的服饰、道具和伴奏乐器也与其他艺术形式有所不同。就服饰来说,代表不同形象的不同角色,服饰各异。比如棒槌穿大红色对襟黑镶边上衣、绿色灯笼裤、黑色薄底打鞋,胸前和两边镶黑云花,扎黄色腰带,戴浅咖啡色皮帽(帽檐装黑穗头,两侧是黝黑色抓巾,正中间有一个红绒球,脑后有一条小辫)。而鼓子则是穿黑色对襟白镶边上衣,黑布扣,胸前及两肩镶白云花,有很长的白色水袖,扎白色腰带,下身穿黑色灯笼裤,脚穿黑鹰嘴鞋,头戴黑毡帽。胶州秧歌的道具有棒槌、折扇、团扇、方巾、腰鼓与包袱等几种。至于伴奏乐器,通常是同调唢呐两支,堂鼓一个,大锣一个,铙钹一副,小锣一个,小镲一个。1949年以后,由于物质生活

图二　胶州秧歌表演

图三　胶州秧歌表演

条件的改善，又增加了多种民族吹奏乐器和打击乐器。

胶州秧歌产生于民间，是一种自发参与、自行流变的广场艺术。在三百余年的发展历程中，历久弥新，迸发着强大的生命力，显示出其独特的艺术特征。胶州秧歌保持了原创性和区域性的特征；胶州人民的自觉投入，自由宣泄，自娱自乐，促成了胶州秧歌的自娱性特征；胶州秧歌由舞蹈、民间歌曲、戏剧等多元素组成，汇南北风情，集男刚女柔于一体，具有兼容性和形式多样化的特征。

在中国秧歌群体中，独树一帜的胶州秧歌具有重要的价值。

在发展过程中，胶州秧歌的历史价值愈发凸显。它流行在劳动人民中间，至今仍保存着原创的许多特征。从挖掘的资料来看，胶州秧歌对研究人类历史发展过程，特别是反映劳动者的生产、生活、情感等都有珍贵的史料价值。它曾经是穷苦百姓谋生的手段，也是人们表达欢庆的方式，它宣泄着人们的情感，寄托着人们的希望和追求。保护好胶州秧歌这一非物质文化遗产，对于丰富人民群众的文化生活，构建社会主义和谐社会，促进精神文明建设等都将产生积极的现实意义。同时胶州秧歌对当地民俗学、社会学、教育学、宗教学、史学等学科都产生重要的影响。

  现代社会的剧变没有阻止胶州秧歌继续向前发展的脚步。专家学者多次对胶州秧歌进行挖掘整理，原始资料现今依旧保存完好。每年农历正月十五举办的"新春秧歌会"，使得胶州秧歌在丰富人民群众的文化生活方面具有重大意义。社会各界力量汇聚在一起，为传承和发展胶州秧歌而努力，使得胶州秧歌闻名全国，在中华大地上熠熠生辉。

磁村花鼓

> 2006年，淄博市淄川区的"磁村花鼓"被山东省人民政府列入第一批省级非物质文化遗产名录。

磁村镇位于淄川区西南十公里处，古时名为窑头店，后改称瓷窑坞、磁窑坞。磁村镇历史悠久，人杰地灵，文化底蕴深厚，正是这种得天独厚的条件孕育出一种只在当地流传的民间舞蹈——磁村花鼓。磁村花鼓形式独特，击打方式奇巧，是别具一格的民间鼓舞艺术。

磁村花鼓俗称打花鼓，原是过去穷人乞讨谋生的一种手段。据说，清同治十二年（1873年），淄川县令下令重修磁村通往华严寺的鸳鸯桥。修完后，人们便在桥头设台唱戏庆贺。当时磁村有4名串乡乞食玩杂耍的民间艺人也献演了很多节目，其中就有打花鼓。村民对此前所未闻，观看后颇为喜爱，从此打花鼓就在磁村落户并流传下来。又有一说，唐代时磁村盛产陶瓷，商贾云集，贸易繁荣，又因为是交通要道，沿路乞讨者不绝，花鼓也随之传入，并成为群众闹元宵的传统节目。直到20世纪60年代，打花鼓艺术被正式命名为"磁村花鼓"。

磁村花鼓鼓体呈圆筒状，比腰鼓大，体高约40厘米，鼓面如堂鼓又小于堂鼓，直径约20厘米。鼓绳长约1米，直径约1厘米。其辅助乐器为锣、镲等。磁村花鼓所用器具比较简单，便于携带，也反映了当时杂耍艺人走乡串户卖艺求生的艰辛。

图一　花鼓表演乐器

图二　花鼓表演

  磁村花鼓表演时，舞者将鼓斜背在背后，用两条1米多长的软绳击鼓。舞者击鼓面时，全凭其娴熟的击打技能、良好的时空意念和舞蹈感觉来掌握鼓绳的长与短、收与放。绳端打有大如小枣的葡萄结，一是携带方便，翻舞轻巧，不打鼓时搭肩便走；二是以前舞者新到一个村，狗见生人常来咬，舞者可用绳防身。表演时，由于鼓绳在背后上下左右翻飞击打，显得舞者灵巧、欢快、舒展，加强了舞蹈的表现力和艺术感染力。

  磁村花鼓是以鼓为主的表演，无繁多内容和人物。表演者一男三女，男的打花鼓；三个女的一人打手锣，一人打镲，一人打小点锣。表演时，打鼓者在场中击打表演，其他人在一旁原地跳动，击打手中的镲或锣。鼓舞者在场中随打随舞，随唱随舞，动作是：左右旋转、肩上双打、腋下打、胯下打、腾空跳跃打、蹲转打、立打等。舞者舞步轻快，节奏鲜明，有一定的节拍，动作稳健有力，亮相时唱花鼓调，唱词可即兴更改。到围观者最多时，也是击打的高潮，鼓舞者进行滚翻击打、旋转击打等即兴表演。伴舞者围鼓串场，动作反复表演，人散舞止。随着时代的发展和人民群众日益增长的精神文化生活的需求，磁村花鼓由原来的1鼓3镲（锣），后演变为8鼓8锣。现在多为2男2女，即2鼓2锣。20世纪90年代，磁村镇的学校还曾排练由48名男女学生组成的大型舞蹈《磁村花鼓》，在保留原有舞蹈风格特色的基础上，赋予其时代特色和青春活力，增强了舞蹈表演气氛。

  磁村花鼓的唱词朴实，充满乡土气息。其词过去多以诙谐的唱段开始，一般每个唱段为4句，在前段固定唱词的基础上，根据曲调把所见到的事物、所听到的事情随意加进来，即兴更改，唱词的随意性很强；或者以12个月编出12个唱段，唱出12个事物。磁村花鼓曲调多以"花鼓调"和"十二花季"为主。

磁村花鼓不仅仅是一项传统的民间艺术舞蹈，还具有重要的强身健体功能。舞者把花鼓斜背在身后，用鼓绳击打鼓面，如果没有良好的身体协调性和娴熟的击打技能是很难打到的。另外，拧旋击打、蹲转击打、倒立击打等舞蹈动作，必须有较好的身体素质才能完成。

磁村花鼓的表演动作欢快舒展、节奏鲜明，唱词朴实风趣、形象生动。舞者边打边舞，随舞随唱，人多人少都能舞起来，群众参与性强。磁村民间艺术团的成立，又给舞者提供了系统学习、排练的机会。为了增加磁村花鼓在年轻人中的影响力，让更多的年轻人去传承、发展这一民间舞蹈，磁村镇的学校还在体育课和音乐课上教授花鼓的基本打法和基本唱腔。磁村花鼓作为独具特色的民间鼓舞形式，为民间传统文化研究提供了丰富的材料，是宝贵的精神财富。

踩 寸 子

2006年，淄博市临淄区的"踩寸子"被山东省人民政府列入第一批省级非物质文化遗产名录。

踩寸子是一项传统的综合性的民间表演艺术形式，以舞蹈和唱姐儿调为主，既有音乐、舞蹈、杂技，又有情景剧，包含了唱小调、跑旱船、打花鼓、打霸王鞭、智捉妖魔等内容。在部分节目段中，有一定的故事情节。踩寸子的角色有指挥、花姐、傻公子、鼓手、老太太（妖怪的化身）、箍匠（捉妖人的化身）、打鞭手、丑角、彩旦等。在表演风格上，踩寸子介于踩高跷和扭秧歌之间，使花姐充满

图一　踩寸子表演

图二　踩寸子表演

图三 踩寸子道具

了青春活力。

踩寸子是一项流传了一千多年的民间舞蹈项目,传说起源于隋朝后期的淄博临淄地区。踩寸子"前走走,后倒倒"的步法,是从隋代的拉旱船演变而来的。

相传隋朝时,宫中有一条扎缚精致的旱船,由四个姿容秀丽的宫女牵拉着,边走边唱《姐儿调》。隋炀帝端坐船中,非常开心,于是命人在地面上撒满红栗子,使宫女行走困难,表现出前走后倒的窘态,以此取乐。从此以后,民间一些地区开始有人模仿宫女们的步伐表演舞蹈。后来,为了表现得更加逼真,他们在脚底下踩上木杠。到了清朝末年,表演者脚上的木杠换成了"寸子"——一种比高跷矮的木制道具。寸子的底下套上菱形的绣花鞋,绣花鞋长约10厘米,尖尖的头,鞋上绣满鲜花,精致玲珑。表演者踩在寸子上,长长的裤脚盖住寸子的木柱,只露出小小的绣花鞋,绣花鞋随着表演者的扭动时隐时现,十分俏皮。

约1769年,淄博市临淄区齐都镇瓜里庄(现永顺村)和张家庄的村民,根据民间流传的姐儿调和隋炀帝让宫女拉旱船的表演形式,聚集起来进行表演,但是形式比较简单,他们用高约10厘米的木杠代替了宫女脚下的栗子。《姐儿调》的乐曲则以临淄地区的民间小调为主,内容以历史故事、民间传说、节令习俗为主。经过该地区群众的传承和发展,到清朝后期,这种表演逐渐在山东临淄一带发展成一种综合性的民间舞蹈表演形式。

淄博市临淄区齐都镇的永顺村和张家庄都有表演踩寸子的历史,并且有水平很高的表演队伍。据初步考证,齐都镇就是踩寸子的起源地,这里的踩寸子已经表演了二百多年,传承了七代以上了。齐都镇的踩寸子表演,已经形成和拥有了自己独特的伴奏队伍、表演服装、表演程序、表演技巧和演唱歌词,并且整个表演诙谐幽默、通俗风趣,深深扎根于临淄这片土地。每到中国传统节日,踩寸子队伍都会走出去为群众表演,这已成为故都临淄一道靓丽而独特的民间艺术风景。

踩寸子表演时最精彩的部分是花姐和鼓手的舞蹈表演,花姐身穿古典戏剧服装,头戴大红绸花,腰系彩绸,手拿彩扇,含情脉脉却不失稳重大方。鼓手围绕花姐奔腾跳跃,使全场气氛更加欢快热烈。花姐的寸子舞出了一种特殊韵味,在"前走走、后倒倒"的基本步法中,有三步一停、一步一停、两步两停等舞步,一步一颤,手中的扇子和彩绸左右翻飞,身体也特别协调地上下颤动。鼓手身穿前面大开叉的白围裙和青色带水袖的大褂,以及黑裤,他们的动作主要有前行步、后退步和弓步打鼓。花鼓表演者在花姐旁边默契地配合,特别引人注目。踩寸子的舞蹈动作和鼓点都源于临淄区世代传承的民间艺术,动作俏皮、协调,鼓点的短点与长点明快简洁,富于变化。其音乐曲调完全是山东中部地区的民间调式,极为通俗易懂,演唱内容为人们耳熟能详的牛郎织女、孟姜女等的故事。

图四　踩寸子伴奏队伍

唱姐儿调也是踩寸子表演的重要内容之一,演唱者主要是花姐,当身穿古典戏剧秀才服、头戴秀才帽、左手拿折扇、右手拿书本的傻公子叫板以后,花姐出来独唱,或多人齐唱。花姐唱时,鼓手在花姐周围做一些滑稽的动作,如耍鼓穗、捋胡子、瞅花姐等。此时,节目中的丑角随意地串场子,丑角大多是白头发,驼着背,画着歪嘴或点着夸张的美人痣,戴着两只辣椒耳环。丑角看到鼓手挑逗花姐时,跑上来假意用蒲扇轰开鼓手。在花姐演唱时,丑角可以恰到好处地帮腔、逗乐,随时保护着演唱的花姐,是个引人注目的角色,一般由十分懂行或懂歌词、表演顺序记得很清楚的能人扮演。在广场上表演时,花姐可以横排或围成圆圈而站,轮到谁唱谁就唱,唱完以后回到原地。经常演唱的《姐儿调》有《打绣球歌》《孟姜女》《说唱三国》等。

踩寸子有一定的表演顺序,包括起场(也叫踩街)、圆场和收场。起场

图五　旱船与跑驴

是表演队伍在总指挥的引导下沿街走,长唢呐奏响开始的高音以后,鼓乐队领头,然后依次是傻公子、两行花姐队、两行打鼓队,原则上是一个花姐配一个鼓手,花姐队后面是旱船、跑驴队、丑角、老太太与箍匝,最后是官老爷轿和官太太轿。队伍在前行的过程中表演,花姐在表演的同时与鼓手相呼应,亦庄亦谐,旱船、跑驴队也不时变换队形,互相打斗取笑。起场后是圆场,即在广场上正式表演。当队伍走到一个比较大的场地时,按原来的顺序走两到三圈(打场子),然后按项目进行表演。第一场表演的一般是唱小调,唱完一遍之后,锣鼓队重新奏乐,旱船队伍上场表演。然后是跑驴队伍表演,接着是打霸王鞭表演和箍匝、捉妖的表演。最后由幽默的县官老爷轿与官太太轿进行表演。最后是收场,所有的节目表演完毕之后,队伍按入场时的顺序重新集合,绕场两周之后按原路一边表演一边退出。整台表演以风趣、逗乐、积极向上为主线,特别是丑角、官老爷、鼓手和箍匝,不但动作滑稽好笑,而且唱词中充满了乡间俚曲的"逗"。唱词取材于世代流传的民间故事,以大实话和大白话的形式不张不扬地表现出来,使观众自始至终都很轻松地观看表演。

踩寸子具有良好的思想教育性,《姐儿调》的唱词将勤劳、善良、孝悌等用极为通俗的语言和音调加以演唱,真正寓教于乐,引导人们向上向善。

如今,相关部门对踩寸子进行了全面地调查,整理、绘制了舞蹈、服装、道具和表演场地图。社会各界更加关注踩寸子的发展,积极组织踩寸子的重排和表演,让这一民间舞蹈表演在中国的大地上继续舞出精彩,舞出更广的天地。

阁子里芯子

> 2006年，淄博市临淄区的"阁子里芯子"被山东省人民政府列入第一批省级非物质文化遗产名录。2008年，被国务院列入第二批国家级非物质文化遗产名录。

淄博市临淄区南仇东村阁子里芯子源于当地的"扛阁"和"抬阁"，时间可追溯到明代正德年间（1506年），距今已有500多年的历史。

盛唐时期，敬神之风泛滥，南仇东村阁子里也不例外。村民们在村子里建造了一座供奉关帝的"关帝阁"，当地俗称"阁子"。该阁子分为上下两层，是典型的城楼式建筑。当地人称祭祀关帝的活动为"奉阁"，规模盛大的奉阁祭祀活动每年都要举行。举行祭祀活动时，香火缭绕，锣鼓齐奏，鞭炮轰鸣，民间扮玩纷纷出动，踩高跷、跑旱船、耍龙、舞狮、扛（抬）阁、扭秧歌竞相展艺。他们或祈福，或

图一　关帝阁

求雨，或消灾，或辟邪，以求五谷丰登，人畜平安。在这一系列的活动中，最为隆重的也是必须要进行的便是"献牲"仪式，人们将准备好的整猪全羊、糕点糖果、五谷食品等供奉给关帝神，以表达人们的虔诚和心愿。民间老艺人王从让受勾栏中演出场景的启发，结合"献牲"仪式，将男女儿童固扎于竿上，作双手托盘状，将供品献给关帝神。随着历史的发展，这一仪式在当地便形成了"扛阁"或"抬阁"的叫法。

在扛阁、抬阁的基础上，人们又加入了当地民间小戏的素材，如《哪吒出山》《许仙游湖》《嫦娥奔月》《天官赐福》《三打白骨精》等。芯子上的男女儿童，每巡游到一处时就向观众展示对联，内容多为"招财童子至""利市仙官来"或"招财进宝""五谷丰登"等吉祥祝语，是为"示福"或"送福"。他们每到一处乡民便鸣放鞭炮，鼓乐相迎，这叫作"接福"。接福仪式由当地有名望的人士主持，场面同样十分隆重而热烈。参加的人必须十分虔诚，以求福临门、财滚滚。同时，主人总以丰盛的点心果品、烟酒糖茶等回敬为他们送福的芯子表演者。

清末光绪年间，以南仇东村阁子里老艺人王本厚为主，集聚了村里部分有名望的民间技艺人士，他们充分发挥各自的聪明才智，在惊、奇、险上做文章，精心设计了"花上有人""物上有人""人上有人"等，并使芯子在静中有了"动作"，能在人们不知不觉中"开"与"合"、"升"与"降"、"转"与"跳"、"飞"与"飘"。这一切又将临

图二　芯子表演《嫦娥奔月》

淄南仇东村阁子里芯子提高到一个较高的艺术水平,使其成为山东省民间舞蹈艺术中不可多得的精品。

芯子上的小演员,按照剧情的需要装扮成各种不同的戏曲人物,他们在芯子上分为两层或多层错落分布;下面扛或者抬的表演者由年轻力壮的男性扮演。上面表演者和下面扛(抬)阁者必须协调一致。芯子上的人物是分层次布局的,两层之间通过不同的方式连接起来。下面的人物既可用茶盘、鸟笼等特制道具托着上一层的人物,也可用条形道具、兵器法器和树枝花朵等挑着上面的人物。上面的人物手握平板上的杆柄,脚下则虚踏在透明的鱼缸、酒瓶、弓弦等半活动状态的器物上,这无疑更增加了芯子的惊险性和新奇性。

芯子演出时的整个队伍阵容十分庞大,场面特别壮观。先由"火流星"开路,随后是盛大的锣鼓队,其后为高跷、旱船、秧歌、耍扇、蝴蝶舞等队伍,最后由芯子压阵。芯子是整个演出队伍的"主角",多台芯子高高在上,在空中"飞舞翱翔"。芯子周围彩扇抖动,形成错落有致、上下舞动的壮观场景。芯子均以传统剧目为主,常用的剧目有《打渔杀家》《铁弓缘》《三打白骨精》《许仙游湖》《哪吒出山》等。

演出前,在芯子上表演的小演员都必须做好充分的演出准备,适时、适量地饮食饮水,保证能坚持到演出结束。芯子上的小演员的双腿和腰部被牢牢地固定在表演位置上,绑缚须松紧适度,既要确保小演员的安全,做到万无一失,又要保证有一定的舒适度,以便于表演。芯子表演对抬芯子的演员要求十分严格,他们必须和芯子上的小演员高度统一。从演员被装上芯子的一刻起,芯子上的小演员(俗成上装)与抬芯子人(俗称下装)已成为不可分割的整体。

在演出过程中,六台芯子排成一行,浩浩荡荡,特别壮观。上装的小演员不论扮演什么角色,必须与扛芯子或抬芯子的演员节奏统一,舞步的大小、强弱也必须协调。基本舞步大体有走步、十字步、倒退步、颤步等。队形变化多为"一条街""连环套""卷菜心"等,加之舞动的彩扇,更增添了芯子表演的艺术感染力。

伴奏乐队 一般为锣鼓队,乐队多达20人,乐器有鼓、锣、钹、镲、小锣等。演奏的曲牌主要有【凤凰串牡丹】【闹花船】【娥眉雪】【玉芙蓉】等。

演奏者将几首曲牌相互结合穿插，使演奏更富有变化。随着舞步和队形的变化，表演或激烈，或舒缓，具有较强的艺术感染力和穿透力。

阁子里芯子融合了音乐、美术、舞蹈、秧歌、体育、舞台剧等表演，内容丰富，场景中的人物和道具动静结合，是一种综合性的民间演出活动。阁子里芯子鼓乐所用曲牌为当地所独有，多首曲牌相互穿插演奏，极富节奏感和层次感。阁子里芯子设计奇巧，装饰逼真，采用居高临下的表演形式，又有诸多手工制作的反季节花卉瓜果进行装饰衬托，更容易吸引人们的眼球。

阁子里芯子设计和安装均利用了力学原理，充分展现了古代临淄人民的智慧。装饰的华丽精致，体现了民间手工技艺的高超水平。表演上的动态和姿势，更体现了民间舞蹈、艺术、音乐、文学、服饰和美学的水平之高。古老的阁子里芯子是齐地文化的一朵奇葩，对于研究齐地的历史文化有重要作用。

近年来，通过挖掘整理阁子里芯子的历史渊源，收集保护相关文物资料，人们对阁子里芯子的了解更深入；研究协会的成立，培养了大批研究制作芯子的专门人员。在一代代人的传承与保护过程中，阁子里芯子既保存了古老的传统样式，又符合当代人的审美观念和好奇心理，具有较高的文化内涵。

周村芯子

> 2006年,淄博市周村区的"周村芯子"被山东省人民政府列入第一批省级非物质文化遗产名录。2008年,被国务院列入第二批国家级非物质文化遗产名录。

周村芯子是一种独特的民间艺术表演形式,是明清时期周村老艺人受高跷和蜡烛灯台的启发,依靠发达的织机技术集体创造的。据《博山县志》记载,芯子起源于明清时期的周村,后传至博山,此后又流传到淄川、张店和临淄等地,至今已有几百年的历史。

周村区隶属于山东省淄博市,位于山东省中部,地处鲁中山区与华北平原的过渡地带。周村有着悠久的历史和深厚的文化积淀。春秋战国时期,周村为齐国属地。西汉时,周村南北分属於陵县、般阳县。魏晋南北朝时,属广川郡武强县;南朝宋元嘉五年(428年),于周村南部置贝邱县,属清河郡。隋开皇十六年(596年),属淄川。从唐宋时期开始,周村商业不断发展,市镇规模逐渐扩大。至明清时期,全国各地乃至国外一些客商纷纷来此地进行贸易,大规模的集市庙会应运而生,各种各样的民间文化活动在庙会上争奇斗艳,极大地推动了当地的文化交流,为周村芯子的产生提供了肥沃的土壤。据说,由于当时到庙会游玩的百姓太多,人群特别拥挤,以至于人们无法看到表演。清康熙元年(1662年),周村老艺人仿照蜡烛的灯芯,以铁棍为"灯芯",牢牢

图一 周村芯子表演

地插在充当"灯台"的底座上。铁棍顶端是一个扮成戏剧人物的孩童,远远望去,恰似在蜡烛灯芯上舞动的烛光,周村芯子的雏形由此而来,并逐渐传至周边地区。后来,周村人特意在元宵节这天表演周村芯子,周村芯子逐渐成为周村元宵节必不可少的节目。

清光绪二十年(1894年)元宵节期间,周村出动芯子72台,每台配有各种旌旗、伞、扇、乐队,游艺队伍行列长达七八里。后来,每年元宵节期间(正月十四日至正月十六日),周村附近村庄的各类表演队伍都要进城表演杂耍、芯子等民间艺术。1949年后,人们将杂耍、芯子搬上庆祝活动的舞台。改革开放后,周村芯子迅速发展。1979年元宵节,表演所用的芯子数量已有60多台,旗、伞、扇和锣鼓摆设数十里长,声势浩大,特别壮观。

芯子有抬芯子、车芯子、撅芯子之分,同时又有单人芯子、双人芯子、多人芯子之分。演员高悬在空中,脚踩花瓶、鱼缸等尖锐易碎的物品,完全依靠固定在芯底上的一根铁棍(即俗称的芯子)支撑。芯子紧贴着下边演员的身躯通过,再从其手或其他部位伸出,延伸到上边演员的腿部、腰部和背部。演员装扮成戏剧人物,站立在几人高的细细的芯子上,在戏剧锣鼓点的伴奏下,走街串巷。芯子表演既有杂技的险中求趣,又有传统民间艺术的感染力,每次表演都吸引大量群众跟随着表演队伍观看。

周村芯子表演队伍由三部分组成。第一部分是负责"开道"的旗、络、伞、扇,旗即名旗(招子),上面写明芯子表演队伍的名称;络即旋络(花幡），用丝绸编织而成，饰以各种吉祥物，高挑在空中；伞用丝绸制成，此伞不同于一般的伞，它的周边垂下一块绸子，迎风飘荡；扇用精美的丝绸和上好的材料扎制而成，象征玉皇大帝左右持扇的侍童。第二部分是锣鼓队。锣鼓队一般由五

图二　演员化妆

人组成，锣鼓曲牌以各种民间曲调为主，有【凤点头】【急急风】【四点头】等，手法有快长槌、慢长槌等。第三部分是周村芯子的表演主体，芯子的表演题材以戏剧故事、民间传说为主，如《西厢记》《吕布与貂蝉》《白蛇传》《八仙过海》等。

图三　周村芯子表演

图四　周村芯子表演

周村芯子所用的道具主要有芯底、铁芯子、铁耳、铁腰卡、压箱石头、旗（又叫名旗、招子）、络（又叫旋络、花幡）、伞、扇等。伴奏乐器以打击乐器为主，负责伴奏的锣鼓队由五人组成，一人打堂鼓，一人敲皮锣，一人敲手锣，一人敲钹，一人敲镲，敲皮锣者为指挥。

　　周村芯子是集戏曲、杂技、舞蹈、表演于一体的综合艺术，自产生以来，深受当地百姓喜爱。每年元宵节期间芯子队伍出动时，锣鼓喧天，彩旗飞舞，大街小巷人潮涌动，观者人山人海，场面非常壮观。周村芯子作为一种娱乐方式，已经成为当地百姓生活中不可或缺的一部分。

　　作为一项古老的民间表演艺术，周村芯子已经渗透到人们生活的方方面面，乃至于对当地民间文学、戏曲、舞蹈等都产生了重要的影响，还带动了周村铜响乐器的发展。周村芯子表演题材以戏剧、传说、历史故事为主，蕴含着仁、义、礼、智、信等传统的道德力量；芯子表演能培养青少年的吃苦耐劳精神。周村芯子以其丰富的内容，成为民间传统文化最积极的践行者和最完整的保留者，也是最具观赏性的宣传者。

鲁南花鼓

2006年,枣庄市台儿庄区的"鲁南花鼓"被山东省人民政府列入第一批省级非物质文化遗产名录。

咚咚咚,一阵鼓声响起,台儿庄古城正在上演着鲁南花鼓节目。只见扮演者身穿褐色对襟褂、褐色灯笼裤;鼓手扎黄色头巾,身穿粉色灯笼裤,背腰鼓。美丽的舞者头戴一朵红花,梳一条辫子,身穿白色红边百褶裙,典型的大家闺秀模样。这个优美的舞蹈浸润着台儿庄丰富的民俗人情。

枣庄市台儿庄历史悠久,自古即为"商贸重镇,水旱码头",文化底蕴深厚。改革开放以来,这片古老的土地焕发出勃勃生机,一座具有江南水乡风貌的河港商贸生态旅游城市正在京杭运河之畔崛起,台儿庄也拥有了"鲁南粮仓"的美誉。现在,台儿庄区被列为"全国百家红色旅游经典景区之一"。

鲁南花鼓是京杭运河人民在长期生产、生活中发展起来的一种地方性舞蹈。当地民谣有"花鼓花鼓,敲锣打鼓;女顶彩球,男挎花鼓;蹦蹦跳跳,有文有武;追根溯源,晋朝有祖"的传唱。由此可知,花鼓作为一种艺术形式由来已久。鲁南花鼓的内容主要是反映运河两岸的民风民情,因其表演形式丰富、艺术特点独特,深受广大群众的喜爱。

明代万历年间,京杭运河自韩庄改道经台儿庄后,台儿庄逐渐成为水旱码头和商业重镇,人口剧增。据《峄县志》载:"台儿庄跨漕渠,当南北孔道,每年漕运粮食约400万石,商旅所萃,居民饶给,村镇之大,甲于一邑。"清代乾隆、嘉庆年间,台儿庄城区居民富庶,商贾云集。经济繁荣带来了文化的繁荣,这些为鲁南花鼓的产生奠定了坚实的基础。这一期间,台儿庄运河两岸花鼓艺人在花鼓舞的基础上,吸收其他艺术养分,经过加工、润色、提高,演变为今天的鲁南花鼓。

现在,鲁南花鼓在枣庄市的张山子、南洛、北洛、黄村等地最为盛行。鲁南花鼓在发展、演变过程中,形成了不同的流派。其活动范围以台儿庄为中心,运河北岸以黄村为代表形成了北派花鼓,运河南岸以苏北燕子埠为代表形成了南派花鼓。传承至今,北派花鼓刘玉刚已是第六代传人,南派花鼓陈开俊已是第五代传人。

鲁南花鼓一般在每年农历正月十五前后演出,是当地老百姓在节日、农闲期间最喜欢的一种艺术形式,也是他们自娱自乐的最好的方式。鲁南花鼓的表现形式,不但地方特色鲜明,接近生活,能够渲染节日气氛,而且能够体现鲁南运河两岸人民粗犷豪放的性格,以及浓郁的地方民

图一 鲁南花鼓表演

俗、民风，因此深受老百姓欢迎。

鲁南花鼓融歌、舞、打击乐于一体，表演幽默风趣，动作粗犷奔放，唱腔优美流畅，大都表现农村生活的故事，具有浓郁的地方特色。鲁南花鼓以打击乐为伴奏，以场外擂鼓者为总指挥。总指挥可根据场内气氛，即兴变换击鼓花样，时轻时重，时缓时急，但场内外鼓点与节奏始终一致。表演队列一般由5人组成，演出道具包括扇花2、鼓手2、琼伞1，其中以扇花1、鼓手1为主，其余为辅。琼伞表演分跑伞、绕头伞、侧身滚伞等。

由于古运河河畔人们以苦力营生为主，所以要求鼓手与琼伞动作粗犷奔放，但又不失诙谐的意趣；扇花的表演力求泼辣中深蕴着妩媚的柔情，即要着力表现古运河河畔妇女的"泼"，又要突出她的温柔。这样的表演，增加了艺术表现力和感染力。

鲁南花鼓的角色一般以道具命名，持伞者为琼伞，挎鼓者为鼓手，执扇者（女）为扇花。演出在打击乐中开场，一男青年持琼伞上场，其余人物逐一上场，二女坐于板凳之上，二男围着，做出各种舞蹈动作。舞蹈动作以秧歌步为主，兼具其他舞步，以及杂技、戏剧表演等动作。场外擂鼓者为总指挥，琼伞为领舞，两个（或一个）鼓手引两个（或一个）扇花对舞；对舞结束，一鼓手和一扇花二人对唱，载歌载舞。对唱轮流反复进行，歌词内容广泛，亦庄亦谐，部分为传统歌词，也可即兴编词演唱。表演时，场外擂鼓者也可根据演员的情绪即兴发挥，场内场外的鼓点相同，相互配合。

鲁南花鼓发展较快，每年春节民间游艺展演期间，各路花鼓队都会聚集到台儿庄城区，相互交流，切磋技艺，使花鼓艺术得到不断提高。1992年9月，鲁南花鼓代表山东省参加了第二届中国天津国际友好城市艺术节暨全国"南开杯"民间广场艺术邀请赛，荣获二等奖。

鲁南花鼓表现风格幽默风趣，但又不失优美、流畅、细腻之风，具有浓郁的地方特色。它既表现了山东大汉特有的粗犷豪放和威严，又融合了山东妇女的泼辣柔美，形成了刚柔相济、热情奔放的艺术特色。它的曲词简朴，通俗易懂，还可以即兴演唱，唱词接近老百姓的口头语，很容易被接受。作为一种歌、舞、打击乐相结合的群体舞，在渲染节日气氛、体现古运河两岸的民风民俗方面意义重大，深受老百姓喜爱。

鲁南花鼓对于研究鲁南地区运河两岸的民风民俗具有重要的意义，并对其他门类艺术的发展也具有积极的借鉴作用。加强对鲁南花鼓的保护与弘扬，不仅能够使鲁南花鼓发展得更好，而且有利于推动地方民间艺术的传承和发扬，丰富并完善全省及至全国的地方民间艺术。

陈官短穗花鼓

2006年，广饶县的"陈官短穗花鼓"被山东省人民政府列入第一批省级非物质文化遗产名录。2008年，被国务院列入第二批国家级非物质文化遗产名录。

短穗花鼓又名打花鼓、秧歌鼓，是过去流浪艺人借以乞讨谋生的手段。清朝时，广饶县陈官乡陈官村的张洪祥、张洪果从小就跟着父亲张延水学打花鼓。张延水打花鼓的技艺很高，在广饶、商河等地颇有名气。他曾同商河艺人背着花鼓闯北京，经过几年的切磋学习，他掌握了多种小调，丰富了伴唱的内容，在套路上也吸收了其他艺术的精华，使得短穗花鼓的内容和技巧有了很大的丰富和提高。张延水回乡后就把所学传授给打鼓的徒弟。另据商河县张坊乡苟家村的张凤云、李喜平老艺人口述：清光绪二十九年（1903年），当地以卖唱为生的王立礼、王立义两兄弟与广饶艺人流浪到北京卖艺时，学会并掌握了打花鼓的技艺。王氏兄弟回乡后，就把短穗花鼓这种艺术形式传到了当地。

1949年以后，短穗花鼓这一民间舞蹈得到高度重视，经过加工提炼，搬上了舞台。1956年，广饶县张延水的徒弟李宏元和商河县张凤云、李喜平，一同参加了山东省民间艺术会演，李宏元以娴熟的打鼓技巧，受到了观众的赞誉，荣获一等奖。1958年，李宏元又带着短穗花鼓舞参加华东地区文艺会演，又荣获一等奖。著名舞蹈家张毅曾不远万里到陈官学习短穗花鼓，在1957年第六届

图一　短穗花鼓

世界青年联欢节上,他表演的《花鼓舞》荣获金奖。如今,短穗花鼓也由过去的打着花鼓要饭变成今天的打着花鼓庆祝,人们用鼓声和歌声来歌唱幸福的美好生活。

短穗花鼓所用的鼓与一般腰鼓相似,但又有其特别之处。短穗花鼓的鼓槌是两根22厘米长的圆木棒,每个鼓槌上系着一条长50厘米左右的软线绳,在绳的三分之二处,结有三个疙瘩:最上面一个疙瘩是三个小结并排拧在一起,成"豆荚状"(广饶方言称"猫耳朵");中间一个疙瘩是五个小结拧在一起,成白菜根状,叫作"青菜疙瘩";最下面是七个小结拧在一起的,成核桃状,叫"核桃皮"。打鼓的不是鼓槌,而是系在鼓槌一端的鼓穗。

短穗花鼓的鼓斜背在舞者腰左侧,不固定。这种不固定的斜背鼓,使舞者行动灵活,易于随时变换鼓位击打。但这种背鼓方法也给舞者的击鼓动作增加了难度,鼓在腰旁颠晃移动,鼓槌与穗缨子难以击中鼓面。

短穗花鼓的击打方法有它的特殊之处。舞者左手持鼓槌,在腰左侧打点挽花,而右手的穗缨子可甩至背后、胸前,运用跨腿、缠腰、跳步等动作,以鼓槌前、后、左、右、上、下准确地击鼓面中心。舞者常运用绕腕击鼓、抡穗前击鼓、抡穗后击鼓、抖腕击鼓等动作,打出的各种"花点儿"清脆响亮,节奏欢快,非常动听。这两种鼓槌、穗缨子一同挽花击打法,比起单一的胸前、腰间击打法要难。鼓在腰间是活动的,表演时如果没有高超熟练的技术就难以击中鼓面。因此,舞者必须以左臂肘压着鼓边,不让鼓摆动,左手腕又须灵活地与右手腕同时舞花。

短穗花鼓的动作奔放、舒展,讲究"打场脚微颤,八字腿弓箭,击打头略晃,跑鼓轻如仙"。舞者击鼓力度强,幅度大,当击打至高潮时,小碎步地跑,加上清脆的鼓点和镲的拍击,发出抑扬顿挫的铿锵之声,具有令人情绪振奋的感染力。两条穗缨子上下翻飞,舞步左右旋转,无论是跳打还是跪打,舞者将穗缨子抡出两个大花球绕身飞转,均能产生强烈的艺术效果。

短穗花鼓由一人上场击鼓起舞,另一人击镲伴奏,表演时随意性较强。舞者铿锵有力地敲击着"跑鼓点"做"二龙弹须"或"金丝缠葫芦",上场绕场数圈,称作"打场"。待人群稳定之后,舞者站在场中央,表演正式开始。表演一般按单劈叉、双劈叉、黑狗钻裆、菊花盖顶、苏秦背剑、鲤鱼打挺、喜鹊登枝、神仙绊脚、神仙盘蹲、就地十八滚、老虎大撅尾等动作顺序进行,一个动作可做数遍。舞者做完动作后,原位站立敲击"短点",然后选唱(也可由击镲者唱,或二人齐唱)《串九州》《报喜歌》《劝人歌》等歌曲(无伴奏),每唱完三句词,鼓镲击"短点",然后再接唱最后一句。唱完后做出场动作,绕场走出扣手、卷白菜心、绕八字、左"月牙"、右"月牙"、吊花篮等图形,每走完一个图形,仍回场中央,接着做下一个动作。每次表演要做多少个动作,每个动作反复几遍,以及动作速度的快慢,则由表演者视当时的体力及现场观众的情绪等因素自行决定。表演完最后一个动作(一般都要做比较复杂激烈的动作,速度越来越快,打至高潮时刹住),向观众行礼致谢,然后

图二 短穗花鼓表演

敲击着"收尾点"走下场。

短穗花鼓的表演成分很强，自娱中的表演性与表演中的自娱感成为短穗花鼓的一大特点，因此有自娱娱人的特征。表演动作富有鲜明的艺术性，注重腾、翻、窜、蹦，"腾"跳起时迅速干拔；"翻"转时双臂开合，借力转身；"窜"起后扒地有力；"蹦"时低矮下沉，突然爆发。舞者上下结合，相互作用，从整体上形成统一的舞蹈动律和舞蹈内涵。表演细腻传神，容易与广大观众沟通，具有很强的互动性。短穗花鼓萌生于乡土，活跃在民间，完全是自由参与、自由宣泄、自娱自乐、自行流变的民间艺术。

短穗花鼓说唱婉转、优美，通俗易懂，具有深厚的群众基础。它为中国舞蹈史学、舞蹈教育学、舞蹈美学、舞蹈民俗学、舞蹈社会学等，提供了极其有力的保障，对研究我国舞蹈文化艺术，理解中国文化的基本特征，提供了宝贵的历史资料。

短穗花鼓凝聚了人民群众的智慧，丰富了人民群众的文化生活，表达了人民群众的情感和愿望，可以愉悦身心、提高修养。近年来，对短穗花鼓这一民间艺术的保护从未中断，通过挖掘整理短穗花鼓的词曲资料，组成固定表演队伍学习演练，参加各种艺术展演，使广大人民群众更深入地感受到它的艺术魅力。

栖霞八卦鼓舞

> 2006年，栖霞市的"栖霞八卦鼓舞"被山东省人民政府列入第一批省级非物质文化遗产名录。2009年，被国务院列入第二批国家级非物质文化遗产名录。

八卦鼓舞是一种集鼓、舞于一体的综合民间艺术形式，主要流传于栖霞与福山交界的庙后镇一带，它的产生、发展与当地的地理环境、民风民俗、社会经济文化状况有着十分密切的联系。

早在数百年之前，栖霞就是远近闻名的道教圣地，道教全真派宗师丘处机曾经在栖霞创建了三处全国著名的道观，其中，为纪念他的师傅王重阳而建的重阳宫就坐落于栖霞上林家村附近。据《中国古代文化丛书》记载，元代以来，栖霞的道教活动十分频繁，当初重阳宫鼎盛之时，道士达百人之多。道教以阴阳观认识世界，八卦来自于阴阳，阴阳是八卦的核心，在举行宗教仪式（做道场）的过程中，需要鼓乐配合，于是便产生了八卦鼓舞。它的作用是祭祖、祈福、辟邪等，因为与农民祈求风调雨顺的愿望不谋而合，八卦鼓舞因此流传于民间。而重阳宫所在的庙后镇上林家村则近水楼台，得风气之先，成为民间八卦舞的发源地。早期的八卦鼓舞内容丰富，形式严谨，由八个卦位和东、西、南、北、中五个正位组成，这也是八卦鼓舞的核心。

八卦鼓舞由8个男人、8个女人组成。壮年男士挎八卦鼓于腰前，右手持鼓

图一 八卦鼓

槌,左手扶鼓。鼓槌头部圆而细,尾部雕刻一龙头,龙头向前有约10厘米长的槽,内镶三四枚或五六枚铜钱,击打时铜钱相击,发出沙沙的声音。再加上强烈的击鼓声响,沙沙的铜钱声与咚咚的鼓声融合,形成一种特殊而神秘的效果。八卦鼓舞纯为男女对舞,不加入任何毫不相干的人物,这就使八卦鼓舞的形成和发展具有了阴阳之分、乾坤之别。在道具的运用上,八卦鼓舞也充分体现了阳刚阴柔的特点,体现了鼓为主、伞为辅,相辅相成、相映成趣的艺术特点。

八卦鼓舞的步法是以八卦的八种"卦位"和东、西、南、北、中"五个方向"为定向,通过人体动作的动与静、大与小、左与右、高与低、上与下等的反差来体现舞蹈的韵律。舞蹈中的变化富有节奏,轻重缓急、抑扬顿挫、快慢强弱、长短高低等都展现出舞蹈的种种变化,形成了振奋人心的艺术魅力。八卦鼓舞队形变化较为简单,一般常常出现的有八条街、双龙吐须、辫麻花、单串花、双串花、按波花等。在队形变换中,都要以"圆"为中心,左旋必右转,转要回"圆","圆"中见转。

八卦鼓舞的基本步法为禹步。禹步就是夏禹之步,是夏禹祭祀天地山川、神祇祖先和求神问卜时所跳的舞步,其步法为前举左、右过左、左就右、次举右,此步法可快可慢,可强可弱,俗称"踩八卦"。踩八卦的基本特点为轻、飘、蹲、转。在其舞蹈的动律中,脚要弹,膝要颤,蹲要旋,转要反。在整个舞蹈过程中,特别是到了舞蹈高潮时,击鼓者和持伞者还必须喊出"嗨、咳"或"呜、咳"的声音。此时,乐队的笙、管子、弦乐和打击乐与八卦鼓的敲击声热烈火爆,汇成震耳欲聋的声响,给人以强烈的艺术感染力。除此之外,还有一种步法叫滑步,左脚向前滑一步时,右脚向后虚点步,右脚继续向前迈一步时,左脚向后虚点步,左脚向前一步与右脚并立后,双膝同时颤抖一次,如此反复。在滑步的基础上,双脚同时滑出,形成双滑步。连步的步法为正步准备,左脚向前上一步,右脚继续再向前一步后,右脚跟上一步与左脚并立、屈伸。

八卦鼓舞多在每年的春节演出。舞者腊月开始准备,正月演出,春耕前结束。八卦鼓舞在本村演出时,先到本村的庙宇拜神祭祀,然后再分别到各家各户击鼓祝福。人们准备好鞭炮、香烟、糖果,以示欢迎答谢。除此之外,舞队有时也参加本县的一些大型活动,如国庆节、"苹果节"等。他们也会受邀到外村或外县去演出,当地较大的"庙会""山会""乡集"也有他们的身影。八卦鼓舞已深深扎根于人民群众之中,成为栖霞声望很高、影响很大、不可缺少的民间艺术形式之一,也是山东省众多民间舞蹈中不可多得而又具有鲜明特色的舞蹈。

八卦鼓舞在发展过程中,逐渐形成了独特的艺术特征。这种舞蹈形式老少皆宜,好懂易学,非常适合在农村演出,具有广泛的群众性、参与性和娱乐性。八卦鼓舞与道教文化有着紧密联系,因而有明显的道教文化特征。

八卦鼓舞来源于道教,发源于栖霞,它既是一种文化,也是具有长期浓厚历史积淀,集文化、道教、艺术于一身的综合的民间文化艺术形式,是山东民

图二 八卦鼓舞表演

间舞蹈的瑰宝,是中国道教舞蹈中的一朵奇葩。近年来,社会各界相互配合,成立了专门的八卦鼓舞保护组织,为进一步保护和开发这一传统的民间艺术增添了新的渠道;专家学者对它进行实地考察,搜集整理了大量关于八卦鼓舞的影像、文字和实物资料。

八卦鼓舞历史悠久,表演形式独特,道教色彩浓厚。它的表演内容、基本特征、艺术魅力及其传承历史,在山东乃至全国实属罕见,对于丰富和完善山东乃至中国舞蹈史,都将产生重要的促进作用。八卦鼓舞与明末清初的农民起义有着重要联系,为研究于七抗清提供了新的素材,也为研究胶东地区的历史文化开辟了新的渠道。八卦鼓舞传承至今,对丰富人民群众的文化生活,提高人民群众的科学文化素质,加快经济、社会健康发展,构建社会主义和谐社会,都具有重要意义。

海阳大秧歌

> 2006年,海阳市的"海阳大秧歌"被山东省人民政府列入第一批省级非物质文化遗产名录。2006年,被国务院列入第一批国家级非物质文化遗产名录。

海阳大秧歌是一种集歌、舞、戏于一体的民间艺术形式,遍布海阳十余个乡镇,影响辐射至海阳周边地区。它以豪放、古朴的表演风格,严谨的表演程式和恢宏的表演气势著称于世。

据《赵氏谱书》记载,海阳秧歌源于汉代,创于明代,兴于大嵩卫城(今凤城)。清雍正十三年(1735年)裁卫设县后,海阳旧县城因依山傍海,渔盐业发达,海运方便,逐渐成为海阳经济文化中心,这带动了民间艺术的同步发展。凤城当时流传着一首民谣:"乡下秧歌进了城,先耍娘娘后耍景。正月十五不进城,过日来了撵出城。"由此可见,海阳大秧歌已成为当时庆贺节日不可缺少的活动内容,而凤城已是当时四乡秧歌队会集一堂竞技赛艺的活动中心。

海阳大秧歌之所以如此盛行,与它的祭祀性密不可分。每年正月开始,海阳秧歌就要耍家庙,拜祖宗。海阳当地有这样的民俗,正月十一祭拜庄稼神,这一天大演秧歌,明显带有庆贺丰年和祈求来年风调雨顺之意。正月十五元宵节时,秧歌也是必不可少的活动形式。直至四月农忙之前,各地的山会、庙会仍有秧歌演出。

图一 海阳大秧歌表演

海阳大秧歌表演内容丰富，表演队伍结构严谨，主要由三部分组成，即执事、乐队、舞队。出行时排在最前列的是执事部分，由三眼枪、彩旗、香盘（由会首或副会首端捧）、大锣组成。其次是乐队，由大鼓、大锣、大钹、小钹、堂锣等组成。最后是舞队，一般由几十个扮演各类角色的人组成，其中又分为指挥者——乐大夫，集体表演者——花鼓、小嫚、霸王鞭，双人表演者——货郎与翠花、箍漏与王大娘、丑婆与傻小子、老头与老婆、相公与媳妇等，排在最后的是秧歌剧人物或戏曲杂扮者。

乐大夫是舞队的总指挥，在秧歌队伍中有极为重要的地位，起着指挥秧歌队伍、活跃气氛和点报节目的作用。乐大夫走在秧歌队的最前面，扮相威严，举止稳健，其舞蹈动作大都借鉴民间武术，多仿八卦拳、螳螂拳、长拳、少林拳等姿态造型。在喜庆节日时即兴作词，演唱祝愿人们老少安好、福康太平、年年丰收、岁岁有余等诙谐朴实、形象生动的吉祥语言。

花鼓表演一般由年轻力壮的小伙子担任，鼓手们均作武士扮相，阳刚健美，排在队伍最前列，为秧歌队开路、打场。表演时，隆隆的花鼓声与铿锵的锣鼓伴奏声相互结合，增强了秧歌表演的气势。鼓手们步伐矫健，动作敏捷，或"踏步"击鼓，或"扑步"击鼓，前后跳跃，左右穿插，双臂挥舞，右手持鼓槌在身体上下左右击鼓。

货郎与翠花是引人注目的秧歌角色。过去山区交通闭塞，人们购买日常生活用品多有不便，货郎便肩挑手提地走村串户，将货物送上门。秧歌中的货郎与翠花即是选取生活中货郎送货、村姑选货的生动情景进行渲染表现。

箍漏与王大娘是观众非常喜爱的一对人物角色。据民间传说，王大娘是玉皇大帝的小女儿旱魃所变，旱魃幻化为村妇王大娘寄居在王家庄。箍漏是南天门土地神所变，受玉皇大帝之命，到凡间督促王大娘归天。也有传说王大

图二　丑婆与傻小子

娘是狐精，专以女色迷惑凡间男子，箍漏受天命所使设计将其擒拿。艺人们依据民间传说，选取二人由相见到相逗再至相互周旋的故事情节进行渲染加工，编排成一段表现青年男女大胆追求爱情的舞蹈场景。秧歌中的箍漏诙谐、机敏，时不时挑逗王大娘；王大娘则风流泼野、献媚卖俏。二人激烈对舞，体现男爱女恋的场面。

丑婆与傻小子是秧歌中风趣、滑稽、不受局限的人物角色。丑婆的表演以哗众取宠为主，时而疯癫卖傻，时而忸怩装嗔。傻小子与丑婆紧密配合，追打嬉闹，取悦观众。海阳大秧歌中的杂扮人物并不固定，主要依据服饰道具条件而定，一般只随队伍跑场，做陪衬表演。

海阳大秧歌表演中所用的道具有角色道具和执事道具两类。甩子、油纸花伞、花鼓、软鼓槌、拨浪鼓、霸王鞭等都属于角色道具。甩子也就是拂尘。花鼓形似腰鼓，身长约40厘米，外涂黑漆，鼓面直径约22厘米。软鼓槌指的是编成麻花状的牛皮条，长约30厘米，槌尾系着红色、黄色、绿色绸条。至于三眼枪、飞虎彩旗、大铜锣、香盘，便指的区别于角色道具的执事道具。

海阳大秧歌的伴奏乐器分为打击乐、吹奏乐和拉弹乐三大类。打击乐主要有大鼓、大锣、大钹、闹钹、小镲、堂锣，此处还有木鱼、梆子、碰铃等。吹奏乐主要有唢呐、竹笛、笙、管子、箫等。拉弹乐除二胡、中胡、大胡、板胡之外，还包括槌琴、京胡、三弦、中阮等。

海阳大秧歌集歌、舞、戏为一体，舞蹈表现手段丰富，音乐唱腔优美，人物个性鲜明，秧歌剧目朴实。既有大场子，又有小场子；既可完成礼仪表演，又可逗趣。它是海阳民俗文化的一个缩影，深刻地寄寓了民俗的多重特性，成为海阳人民节庆活动中不可或缺的艺术形式，是胶东民俗文化的载体。海阳大秧歌与祭祀活动紧密相连，被广泛运用到祭祖、祭神活动中。民众自己编、自己演、自己看、自己评，人物设置均具有生活依据，其表现内容也多是以农家生活为主。

海阳大秧歌与人的本性相融合，是中华民族"贵和持中""崇礼重义"等精神因素的综合体现。海阳大秧歌的舞蹈动作都带有明显的时代特征和历史痕迹，在每个历史时期都有着特定的历史贡献，其独特的动作特征和舞蹈语汇是追溯历史、研究汉族民间舞蹈史的宝贵财富。海阳大秧歌在海阳人民的生活中不可或缺，它能反映地域文化，丰富人民群众文化生活，提高人民群众文化素质。由于海阳属农耕文化与海洋文化相互交织的区域，所以海阳大秧歌与陆地文化、海洋文化又有着密切的联系。

海阳大秧歌在山东民间舞蹈中占有重要地位。近年来，各种关于海阳大秧歌研讨会的召开，为研究海阳大秧歌提供了有效方案；海阳大秧歌艺术节和展演大会的举办，以及诸多文化秧歌队的成立，推动了秧歌的全面普及和发展。凝聚着海阳人民集体智慧和创造精神的海阳大秧歌，经过几百年来海阳人民世代的创造、筛选、加工，又经过现代文艺工作者的整理、充实和发展，已经成为最能体现海阳传统文化风貌和特点的文化精品。

阴 阳 板

> 2006年，邹城市的"阴阳板"被山东省人民政府列入第一批省级非物质文化遗产名录。

孟子故里邹城市位于山东省南部，素有"孔孟桑梓之邦，文化发祥之地"的美誉。邹城市东北属丘陵地带，过去完全靠天吃饭，由于多旱天，故求雨祭祀活动较多，这是阴阳板产生的客观因素。阴阳板是邹城人民在长期的农耕生活和劳作习俗中形成的，以祭祀天地神灵、迎春祈雨为目的的祭祀性舞蹈。阴阳板是人们用柳木制作的阴、阳两板，用皮条相连，顶部有小铜铃，板厚2厘米，呈梯形状，上端宽8厘米，阴板长35厘米，阳板长50厘米，板上端雕刻吉祥花纹或太极八卦纹样。

关于阴阳板的来源，有一个美丽的传说。相传古时候，天下大旱，麦田

图一　阴阳板

图二　阴阳板

图三 "保佑步"行进

图四 "龙吐须"阵形

图五 震天锣

图六 雷暴鼓

焦透,人畜无饮。恰逢八仙巡游到此,看到民不聊生,顿生怜念之情。曹国舅命人在山上搭起神棚,将一棵柳树劈开,让两个青年各持一半,赤足裸胸来回对击,又吩咐众百姓手举柳条朝天挥舞。突然间,风起云涌,电闪雷鸣,大雨倾盆而至,须臾之间,河满井溢,地润物丰。人们欢呼跳跃,共庆喜雨。为感谢神仙,百姓依样模仿,载歌载舞,后来逐渐演变成一种具有鲜明的地方特色的民间舞蹈阴阳板。

自明代万历年间就已经有"打阴阳"之说。清朝康熙年间,形成了比较规整的演出程序和别具风格的民间祭祀舞蹈,这是阴阳板的兴盛时期。

古代阴阳板主要用于求雨祭祀,包括请神、祈雨、送神等内容。阴阳板表演人数不限,但要求男女各半。表演时男子赤胸,身披"八卦带",穿着灯笼裤和黑布鞋;女子扎头巾,身着大襟褂,彩裤配上黑围裙,穿着绣鞋。表演请神时,队伍布置格局严密,前面是旗、锣、伞、扇开道,旗包括龙旗、凤旗、黑虎旗、彩旗等。旗队后是锣鼓队,紧接着是阴阳板表演队伍。表演者手持阴阳板在锣鼓声中不停地打击,变换着表演各种动作和图案。表演队伍后面是八抬神轿,一般请的神有如来、关公、杨二郎、孙大圣等。神轿后面是抬供品的队伍和欢奏乐队,最后面是一手持香、一手举柳枝挥舞的祭祀队伍。表演队请来神后,将其安置到事先搭建好的神棚中供奉,另有道士念经颂神。神棚保留三天,表演队会唱三天的大戏。若求雨成功,表演队伍要进城"夸官",县官要出面迎接,并赏赐银两。古代阴阳板只在天旱无雨的时候表演,影响面比较窄。

后来,经过艺人宋景东对舞蹈的革新,阴阳板不仅在天旱时表演,而且在丰收和喜庆吉日也会表演。阴阳板表演在原来基础上进行了革新,流传区域也扩大了。现代阴阳板表演摒弃了一些祭祀内容,主要保留了舞蹈部分,表演分为"行进"和"场子"。行进主要是在请神和送神的路上进行的表演内容。表演者跑出各种阵形,有四过街、二龙盘住、登天梯、围双龙、跑太极、捆麻花、万花筒等布局。场子表演是在神棚前的开阔场地上进行的,表演者双手持板,不停地打击和搓击,发出两种不同的声音,谓之"阴阳声"。表演过程中同时加入各种杂耍动作和男女互动动作,活跃气氛。表演的基本动作有保佑步、观天步、跳转步、三步一跪、追逐步、蹦蹦步等,男女对舞时的动作有惊天动地、阴阳嬉戏、飞龙戏水、连襟、驱邪恶等。表演动作粗犷奔放,又不乏细腻灵活。表演者还会在瞬间排列出各种阵形,令人叫绝,类似双环阵、双扣花、降祥云、龙吐须、二龙戏水等,充分体现出人民群众的智慧和想象力。黑虎旗旗手会根据需要来指挥乐队和表演者,并负责"叫阵"。叫阵即报阵名,当黑虎旗手叫龙展目时,表演者立即变换队形跑出相应阵形,乐队也随之伴奏。乐队一般使用二人抬、一人击的震天锣,四人抬、二人击的用整张牛皮制成的雷爆鼓,以及小堂鼓、小锣、小镲、唢呐、笛、笙等吹打乐器。当然表演时也不必严格局限地点,如果行进表演路上遇到开阔的场地,有人焚香放鞭炮添彩时,队伍也可以即兴转入场子表演。

阴阳板是邹城人民在独特的自然环境和历史文化环境中,在长期的农耕劳作和精神生活中形成的别具特色的祭祀舞蹈,与人们的生活密切相关。它是民间音乐、舞蹈、宗教信仰、图腾崇拜等多种文化的综合体,表演的阵形中多处有龙展目、二龙戏水等"龙"的出现，轿身上有"龙"形装饰，服饰上也有"八卦"图案。

阴阳板承载着劳动人民对美好生活的向往，它已逐渐融入人们的生活，被人们广泛接受并不断扩展。阴阳板流传至今已有几百年的历史，它记录了鲁西南地区丰富的历史文化信息，是邹城民间文化的重要载体，对于研究东夷文化、大汶口文化具有较高的参考价值。

百兽图

2006年,新泰市的"百兽图"被山东省人民政府列入第一批省级非物质文化遗产名录。

百兽图起源于清光绪年间,发源地在新泰市羊流镇大洼村。羊流镇位于新泰城西北60里处,是知名的北方重镇,也是古代著名的驿站,具有深厚的文化底蕴。羊流镇是西晋政治家、军事家羊祜的故里,因羊氏之流风而得名。羊流镇地理环境优越,交通发达,民间有"南京到北京,羊流居当中"之说。境内道教兴盛,道观林立,为百兽图的兴起提供了发展的土壤。新泰市的传统艺术形式种类繁多,内容丰富,有挑龙灯、舞狮子、踩高跷、独杆跷、百兽图、跑旱船、扭秧歌等,百兽图是其中的重要组成部分。

百兽图取材于民间传说,其艺术形式具有浓郁的神话色彩。百兽图起始的具体年代尚未确定,但据大洼村几位老艺人讲,百兽图

图一 保存百兽图的资料

最晚始于清光绪二十三年（1897年）。光绪年间，大洼村一带发生瘟疫，饿殍遍野，百姓只能四处逃荒，当地百姓生活难以为继。为逃过劫难，当地农民根据占卜巫人指点，以竹马的形式，扮成能驱瘟辟邪的民间神话人物"八仙"进行表演，以求祛瘟免灾，这种表演从此便一代一代传承下来。值得注意的是，百兽图在同一个舞蹈中同时出现八仙形象，这在山东省内的民间舞蹈中非常罕见。根据传承谱系的调查，百兽图的表演传承具有很强的连续性，未发生过中断。1949年后，尤其是20世纪五六十年代，百兽图发展达到鼎盛时期，表演队除在当地演出外，还经常到外地演出。

百兽图表演的演员一共9人，1人扮马童，8人扮八仙。八仙装扮各异，服饰独特：汉钟离骑雄狮，背玉扇；吕洞宾骑麒麟，背宝剑；张果老骑毛驴，背渔鼓；曹国舅骑老虎，背阴阳板；蓝采和骑海蛟，背横笛；何仙姑骑大象，背铁笊篱；韩湘子骑梅花鹿，背花篮；铁拐李骑独角兽，背火葫芦。百兽图表演主要是"跑马"的动作，具体包括劈四门、子午络绎、长蛇脱皮等，队形的变化由马童调度指挥。百兽图的道具主要包括八兽造型、八仙服饰、伴奏乐器等，

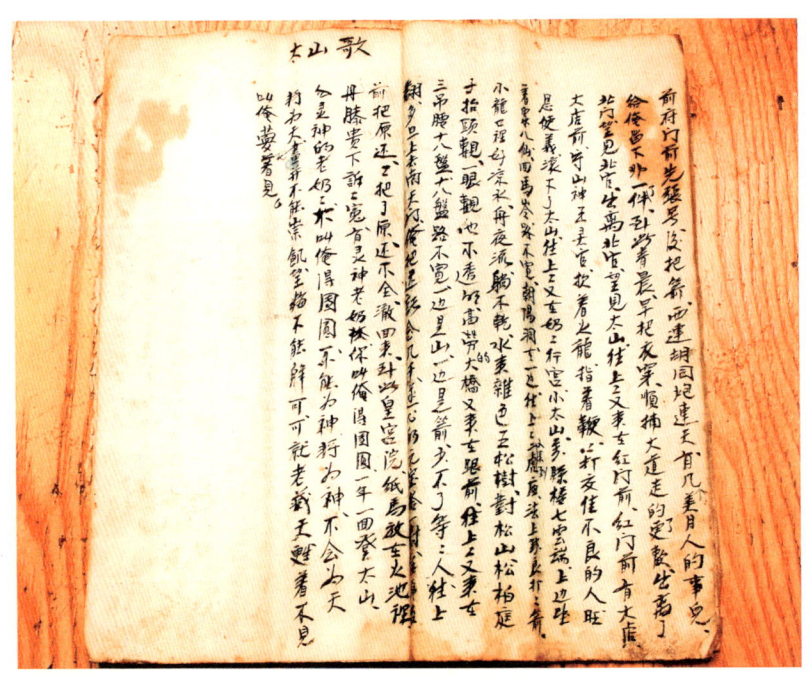

图二　保存百兽图的资料

其中八兽造型是以民间传统工艺制作的八种动物造型，八仙服饰根据具体场合略有不同，伴奏乐器主要有鼓、锣、钗、唢呐、笙、长笛等。

八仙是传说中的八位求道修仙者，他们历尽劫难，潜心修道，终于修行成仙。成仙后，他们游历于仙界和人间，在仙界以德布施，颇得仙界嘉许；在人间，他们打抱不平，劫富济贫，广施善缘，颇受人们爱戴。因此，百兽图具有浓厚的神话色彩。剧中的八兽虽然形态各异，但制法相同，制作时分兽头、兽身、兽尾三部分，用铁丝连接。兽头与兽身各拴上两条布制挎带，背于双肩。兽身下沿边用布帘遮掩，不露双足。

百兽图的表演分"串街"和"打场"两部分。串街演出前，"故事头"把所有的演出道具按顺序排好，演员扮演好各自的角色，跪在自己的骑兽后面。"故事头"点燃三炷香三拜九叩、烧纸之后，带领所有表演人员再做三叩头动作。一般龙灯、高跷、狮子在队伍前开路。串街演出时，须走遍村里的大街小巷，以求驱赶瘟疫，降福兴旺。打场演出是在宽阔的场地上，演出时，扮演八仙的每位演员都有唱词，唱词的内容多为祈求天下风调雨顺，也有表现儿女情长、惩恶扬善的。

图三　铁拐李骑独角兽装扮

百兽图一般在春节后至元宵节前演出，这段时间正是农闲时节。表演队主要是在本村演出，当然也常常受邀到外地演出。外村邀请百兽图表演队去演出前，先由该地德高望重的老人送来请帖，并带着适量的钱物，

图四　百兽图演出场景

图五　1978年春节，百兽图表演队走街串巷演出

约好表演时间。百兽图表演队进村前，村里有专人迎接。当地百姓争相请百兽图表演队进村表演，一方面人们希望有丰富多彩的娱乐生活，另一方面人们渴求通过八仙送福祈福避灾。

百兽图是新泰众多民间文化中的一种，它与其他的竹马表演有着重要联系。百兽图的道具造型丰富，形象生动逼真，栩栩如生，展示了劳动人民丰富的想象力和创造力。另外，百兽图的表演动作生动活泼，花样繁多，引人注目；唱词幽默风趣，通俗易懂，且非常口语化；表演及唱腔非常丰富，具有鲜明的地方特色。百兽图传承完好，未发生传承上的中断。百兽图的造型、题材、唱腔、伴奏、演出形式等，对历史文化和风俗研究具有较高的学术价值。

近年来，许多专家学者都曾到新泰实地考察百兽图，对百兽图表演给予高度评价。学者调查发现，百兽图在山东境内同类民间舞蹈中，是唯一一个同时表现八仙形象的舞蹈形式，具有非常独特的文化内涵和保护价值。随着对百兽图的不断研究和整理，其独特的魅力日益显现，关于百兽图的材料先后被载入《齐鲁民间艺术通览》和《中国民族民间舞蹈集成》（山东卷）。

对百兽图表演艺术的保护，是我国民间舞蹈艺术保护的重要组成部分。整理研究百兽图的造型、表演、唱腔、民俗观念，对于弘扬当地的传统文化，推进当地文化的繁荣发展，具有重要的意义。在一代代人的传承下，承载着八仙祝福的百兽图表演必将越来越好。

独杆跷

> 2006年,新泰市的"独杆跷"被山东省人民政府列入第一批省级非物质文化遗产名录。2006年,被国务院列入第一批国家级非物质文化遗产名录。

山东新泰市羊流镇大洼村的独杆跷,发源于清代光绪二十三年(1897年),一直以来都是新泰人民喜闻乐见的传统曲目。所谓独杆跷,特指无须绳索就能行走如风的有一定技巧难度的舞蹈。独杆跷源于劳动人民丰富多彩的生活,是新泰市羊流地区百姓赶庙会的高涨热情的艺术升华。其经典剧目《刘海戏金蟾》中的蛙跳、蛙爬、四爪朝天、四腿绻等幽默诙谐的动作,承载着人们的欢声笑语。

羊流镇自古至今都是交通发达的北方重镇,素有"南京到北京,羊流居当中"之说。交通发达、经济兴盛、文化昌明的新泰地区,为独杆跷技艺的成熟提供了坚实的经济基础、广阔的发展空间和浓郁的文化氛围。

在人口密集、百业兴旺的新泰市,每逢祭典日,各观、庙都要聘请当地有名的民间艺术队为之助兴。在竞技性的表演盛会中,哪家艺术队技艺高,哪家艺术队就能名利双收。于是,在新泰市竞相涌现出一大批内容丰富的民间艺术,如独杆跷、舞龙灯、舞狮子、踩高跷、跑旱船、扭秧歌、百兽图等,而独杆跷就是其中的佼佼者。独杆跷的高跷艺人凭借高超的技巧,用单腿跷一级级跳下台阶,每

图一　新泰独杆跷

次演出都会赢得人们的赞扬和喝彩。来自大洼村的独杆跷艺人，便是当时单腿跷跳台阶的风云人物。为保持和突出自己的这一绝技，他们将高跷发展为单脚跷，后来又把绑在跷腿上的绳索去掉，不用任何固定物，只用单脚上下踩板进行表演。后来，这一绝技传到了王兆杰手中，在他的努力下有了今天的独杆跷。王兆杰将单一表现技艺的独杆跷与流行于乡里的小戏曲进行融合，在结合了大洼村沼泽形水洼地质和洼内青蛙多的生活经验后，以家喻户晓的乡里道教故事《刘海戏金蟾》为蓝本，编创了《刘海戏金蟾》这一独杆跷的经典剧目。

独杆跷剧目《刘海戏金蟾》中的造型带有浓郁的神话传奇色彩，剧中两个人物分别是刘海和金蟾，表演分"串街"和"摆场"两种形式：串街时，独杆跷扛着跷跟着"故事队"行走，遇到有人放鞭炮请他们表演时，刘海做双踩跷，金蟾做蛙跳动作行走。摆场时，刘海与金蟾全面配合，刘海做双踩、单踩、交叉踩、左单踩、右单踩、蹦跳踩等高难度、高技巧动作；金蟾做蛙跳、蛙爬、四爪朝天、四腿绺等诙谐幽默的动作。《刘海戏金蟾》凭借其高超的表现技巧和诙谐幽默的动作，不仅被载入《齐鲁民间艺术通览》和

图二　《刘海戏金蟾》演员

《中国民族民间舞蹈集成》（山东卷），更成为当地人民群众精神生活中流传的经典。

独杆跷的主要价值在于，从道具、扮相、乐器到绝技表演都具有一定的规模和套路，形成了完整的表演体系。其高难度的技巧和独特的造型，在山东民间舞蹈艺术中独树一帜。独杆跷丰富和完善了中国民间艺术史，成为山东乃至全国的民间舞蹈艺术的独门绝技。

新泰市独杆跷丰富了民间舞蹈艺术，带动了山东民间艺术的繁荣与发展。活泼多样的表演动作和独特生动的艺术造型，展现了生活在这片土地上的劳动人民的创造力，也昭示着人们对美好生活的期许。

逛荡灯

> 2006年,新泰市的"逛荡灯"被山东省人民政府列入第一批省级非物质文化遗产名录。

逛荡灯发源于山东省新泰市谷里镇谷里村。新泰市地处泰安市东南部,有着悠久的历史和光辉灿烂的文化。谷里镇位于新泰市西北部,境内有龟山,为公元前500年鲁定公与齐景公"夹谷会盟"之地。孔子登临龟山并作《龟山操》:"予欲望鲁兮,龟山蔽之。手无斧柯,奈龟山何!"

逛荡灯的形成、发展与当地的历史文化和人文习俗息息相关。逛荡灯作为民间舞蹈的一种,其渊源可追溯到图腾崇拜。逛荡灯中的大人形象是古代的方相氏,传说方相氏是驱鬼逐疫之神。逛荡灯一直被人们视为光明和吉祥的象征,成为人们祈福求瑞的吉祥物。

关于逛荡灯还有另外一个传说版本。隋唐时期,从南方来了一家人,他们根据当地的土质特色,在新泰建窑制陶。制陶老人去世时,儿孙为让老人的灵魂顺利通过鬼门关,特地烧制一个大水罐和八个小水罐,分别制成大罐子灯和小罐子灯。每盏灯都由一人顶起,为老人送葬,以驱赶恶鬼瘟疫,这就是逛荡灯的原始形态。

逛荡灯的缘起和习俗就是驱鬼辟邪的方相氏和送殡的傩舞的结合,一方面与当地鬼神信奉有关,另一方面也与当地制陶业发达,适合就地取材

图一　逛荡灯表演

有关。在不断的发展和演变中，逛荡灯中的方相氏之像逐渐被赋予朝廷官员的官威形象。同时，逛荡灯表演也被赋予了多种寓意。

逛荡灯使用了民间最普通的圈椅、圆杌、陶罐等制作材料。制作者充分发挥想象，根据材料的形状将它们组合成人体形状，物尽其用，尽善尽美。其关键部位——头部为一普通陶罐，罐子外形酷似巨人头颅，罐内点燃蜡烛，使逛荡灯在夜晚表演中活灵活现。

逛荡灯表演时，首先要烧纸请灯，由组织者拜祭一番，祈求平安。表演时，由顶人扛起逛荡灯。虽然逛荡灯只有左右前后跪拜等动作，但因其形象高大，表演夸张，加上逛荡灯的面部脸谱设计和灯光作用，产生了极为丰富的舞台戏剧效果。逛荡灯体形巨大，结构复杂，顶扛和表演时难度较大，需身材高大、体格健壮的男子经过严格训练才能胜任。逛荡灯所拜之处，人们视为吉祥，必焚纸鸣炮表示感谢，意为"天官赐福"，又称为"天罐赐福"。逛荡灯与其他民间艺术同时表演时，其表演多在队伍之首，以示官尊和祥瑞，同时还有开道打场的作用。逛荡灯表演伴奏为打击乐器，主要有大锣、大鼓、大镲等，节奏较为简单。

逛荡灯表演发展到今天，仍然保持着传统的演出习俗，且已经成为一种纯民俗展示和娱乐行为。逛荡灯表演一般在春节前开始筹备，大年初三开始表演，直到过了正月十五赶了当地大集才结束。

逛荡灯历史悠久，在数百年的流传中仍然保持原汁原味，且为谷里村独创，是一种极为稀有的民间艺术形式，有鲜明的地域特色。

随着对逛荡灯表演的研究、宣传，逛荡灯表演日益显现出独特的影响力，其材料先后被载入《齐鲁民间艺术通览》和《中国民族民间舞蹈集成》（山东卷）。

近年来，山东省内外许多专家学者都曾经到新泰市考察逛荡灯，对其开发保护产生浓厚兴趣。如今，逛荡灯表演的保护与传承得到了多方面的重视与扶持。

作为山东省乃至全国的民间舞蹈艺术的独门绝技，逛荡灯的发扬光大将会丰富山东民间艺术的宝库，为绚丽多彩的齐鲁民间文化增添色彩。

颜庄村花鼓锣子

> 2006年,莱芜市钢城区的"颜庄村花鼓锣子"被山东省人民政府列入第一批省级非物质文化遗产名录。

花鼓锣子是起源于莱芜市颜庄村的一种地方民间舞蹈,是集歌、舞、说、唱于一体的艺术表演形式。颜庄村位于莱芜市以南15公里处,省道803线贯穿南北,东靠牟汶河、磁莱铁路线,西靠205国道,南靠重要钢铁企业莱钢,北靠莱芜市莱城区。颜庄村是莱芜市钢城区颜庄镇驻地人口最多的行政村,相传在春秋战国时期就以人口众多、交通发达而名噪齐鲁大地。这里依山傍水,交通方便,物产丰富,民风朴实。1949年前的颜庄村,土地荒凉,百姓生活饥寒交迫,为养家糊口,人们有的打竹板乞讨,有的唱小曲卖艺,这些从客观上对此后的颜庄村花鼓锣子产生了极为重要的影响。

由于以花鼓与铜锣为主要演出道具和伴奏乐器,故当地人称之为花鼓锣子。颜庄村花鼓锣子的早期表演形式是:由五名演员说唱表演,领舞者打腰鼓、第二人打小锣、第三人打夹板、第四人打小镲、第五人右手握油布伞。表演时,由持鼓者带领全体跑"龙摆尾"出场,舞、唱、数板穿插表演。常见队形有八字形串花、挖门式、转灯式等,其主要动作为蹦跳步、转跳步、马步蹲等,并伴有翘胡子等滑稽动作。颜庄村花鼓锣子以喜庆欢乐为基调,唱词的题材主要以祈求风调雨顺、国泰民安、五谷丰登、六畜兴旺为主。1949年后,特别是改革开放以来，经过各界人士的保护整理，颜庄村花鼓锣子重放异彩，先后参加多场公开演出，多次获得奖项，为民间艺术的传承与发展做出了贡献。

清朝末年，莱（芜）新（泰）路是山东境内的一条交通要道，颜庄村是这条路上的重要枢纽，既是商贸来往、匠人聚散的重要集镇，又是迎神赛会、焚香祭祀的主要场所，民间文化交流频繁。当时有村民张凤旨、苗传美、刘俊田、杨春庆、吴庆乾等人热爱民间艺术，时常聚在一起唱歌、跳舞，自娱自乐。经过多年的演练，人们逐步将乞丐的敲花鼓、艺人的打铜锣、卖鼠药人的耍旱伞、磨剪刀人的打夹板等动态技艺融为一体，演变成一种独特的表演形式。

每年春节前后是颜庄村花鼓锣子表演的忙碌时期，五位艺人及乐队鼓手一起到村中寺庙烧香跪拜，祈求神灵赐福，保佑花鼓锣子代代相传。拜完神灵后，颜庄村花鼓锣子表演队便集中排练演出，对台词，凑戏文，修整演出服装和道具，做好演出前的准备工作。此时，村民可根据自己的经济情况，给舞者送些米面和布料等，以期演出能给自己带来祝福。过了春节，演出队先在本村演出三天，然后再按请帖顺序到外村和集镇上演出。这种走街串巷的表演，增

图一　颜庄村花鼓锣子表演之前的祭祀仪式

进了邻里之间的关系，活跃了当地民间文化交流的气氛。

颜庄村花鼓锣子的表演形式集歌、舞、说、唱于一体，在表演中见景唱景，见物说物，时歌时舞，穿插进行，即兴性很强。花鼓锣子的曲调来源于颜庄

图二　颜庄村花鼓锣子演员造型

一带，以过去乞讨者所唱的民间小曲为蓝本，经过不断改进形成今天的唱曲。

颜庄村花鼓锣子的表演道具包括演员道具和乐器，演员道具主要有夹板、破油纸伞、腰鼓、鼓槌、小镲、小锣等，乐器主要有镗鼓、大钹、小镲、大锣、小锣、铉子、梆子、唢呐、笛子、笙、二胡、板胡等。

随着历史的发展和时代的变迁，颜庄村花鼓锣子表演队不再是为生活所迫而在街头卖艺，而是用这一独特的艺术形式来歌颂美好生活。颜庄村花鼓锣子发展至今已有四代传人，演唱形式与艺术风格在传承中不断发展。正是这种独特的形式和内容赋予了花鼓锣子顽强的生命力，这是颜庄村花鼓锣子延续至今的重要因素。

20世纪90年代，颜庄村花鼓锣子逐步走向全省、全国。颜庄村花鼓锣子表演队先后参加了全国第六届、第十三届"群星奖"选拔赛，分别获全国"优秀奖"、省创作表演"一等

图三　颜庄村花鼓锣子表演队参加舞蹈比赛

奖"。1996年,颜庄村花鼓锣子表演队在全国第二届中老年健身舞比赛中荣获"梅花奖"。1998年,颜庄村花鼓锣子被收入《中国民族民间舞蹈集成》(山东卷)。2005年,莱芜市组织"激情广场大家唱"演出活动,颜庄村花鼓锣子在央视第三频道播放,深受观众好评。

颜庄村花鼓锣子最大的特点是通俗易懂,语言朴实,表达明确,深受当地百姓喜爱。历史上颜庄一带有着春节看花鼓锣子的习俗,如今的花鼓锣子依然是颜庄一带春节期间的重要娱乐方式。继承与发展颜庄村花鼓锣子,对丰富群众的文化生活具有非常重要的意义。

花鼓锣子发源于民间,植根于民间,深受人们喜爱,具有多方面的价值。人们通过进一步挖掘整理,取其精华,将其改编成雅俗共赏的舞蹈剧种,丰富了民间舞蹈的种类和内涵。此外,颜庄村花鼓锣子保存了相当数量的原始舞蹈资料,是中国民间舞蹈史资料的重要组成部分,具有重要的研究价值。

龙灯扛阁

2006年，临沂市河东区的"龙灯扛阁"被山东省人民政府列入第一批省级非物质文化遗产名录。2011年，被国务院列入第三批国家级非物质文化遗产名录。

龙灯扛阁发源并流传于山东省临沂市河东区九曲街道三官庙村一带，至今已有一百多年的历史，是一种将民间龙舞和扛阁结合在一起表演的广场舞蹈。龙灯扛阁一般在春节期间表演，历史上常常用于祭祀和求雨。1949年后，龙灯扛阁成为喜庆节日里的传统文化娱乐项目。

据三官庙村的老人讲，龙灯扛阁曾用于祭祀和求雨。相传，三官庙村曾有一座很大的庙，里面供奉着天官、地官、水官三位神仙。有一年天大旱，人们扎起一条龙，然后到庙前敲锣打鼓地舞起来。围观群众也把孩子举过头顶，随龙狂舞，以祈求神龙降雨。据说当时真的降雨了，这一年粮食也获得了大丰收。龙灯扛阁因此也被百姓尊为"神龙"。当时龙灯扛阁表演分两组轮番上场，每组十人，舞龙者为青壮年，一人擎珠，九人分执龙头、龙尾、龙身。四副扛阁由八人表演，四个成年人为"下扛"，四个儿童为"上扛"，多扮成《八仙过海》等故事中的人物形象。沂河岸边的其他村信其灵验，每年也都派村里最有威望的长辈到三官庙村敬请"神龙"，以辟邪免灾。

龙灯扛阁是一种龙舞和扛阁结合在一起表演的民间舞蹈，分为龙灯和扛阁

图一　龙灯扛阁表演场景　　　　（摄影：杨雷）

两部分，二者有机地结合为一个整体。

龙灯表演由擎珠者指挥，龙灯紧随龙珠舞动，基本套路有站龙翻腾、卧龙翻腾、双窜龙、泼龙、滚龙等，套路均以"速场"贯串连接。龙灯表演的动作要求是："窜泼"一边倒，"翻腾"要抡圆，跑站记住"活"，时刻都不闲。

扛阁则以"走场"为主，舞龙动作激烈时，扛阁在一侧交叉变换队形；舞龙动作舒缓时，扛阁即插入龙队中穿行回旋。扛阁的动作要求是："下扛"立腰梗脖，双膝微颤，脚下生风。"上扛"跨鹤蹬荷，飘逸潇洒，跟随"下扛"微颤的动律，双手不停地摇摆舞动。整个表演在"龙体"翻滚卷起的雾霭中时隐时现，给人以腾云驾雾之感。

龙灯扛阁以打击乐器伴奏，曲牌有【流水】【急急风】两种，前者节奏平稳，力度与速度视表演气氛而定；后者节奏欢快而热烈，用在舞龙激烈时。龙灯扛阁表演进入高潮时，可由专人在场外"打口哨"，以渲染气氛。

龙灯扛阁的主要道具包括彩龙、明珠和扛阁。彩龙总长约50米，由龙头、龙尾和龙身（硬节、软节）组成。龙头、龙尾及硬节用竹篾扎制骨架，骨架下方固定一根木棍（称"龙腿"或"龙杆"）为柄。龙头、尾骨架处绷白布，布上以彩绘勾画龙头、龙尾形状。明珠的制作方法是先将四根细竹篾烘烤成同等大小的四个圆圈，然后套扎成一个立体圆形球，从球体中心穿过一根铁棍。铁棍两侧固定在一个半圆形的铁架上，架子底部中间固定一根长木柄，最后将珠子用红绸裹起。扛阁，又称"铁背心"，分为背心、芯子和上座三部分，由钢管和铁板打制、组合而成，芯子与铁背心之间以钢管连接。根据表现内容需要，分别用纸扎上莲花、松枝、仙鹤等模型，固定在扛阁的相应位置。

具有浓厚地域特征的龙灯扛阁，既在整个沂蒙民间舞蹈史中占有重要地位，又是齐鲁优秀民间舞蹈文化的主要代表。发掘、抢救、保护龙灯扛阁，对于传承和弘扬我国民间舞蹈文化，研究中国民间舞蹈史，丰富广大人民群众的精神文化生活具有重要作用。

图二　扛阁造型　　　　　　（摄影：杨雷）

龙灯扛阁对民间舞蹈史的研究具有重要的学术价值。在中国舞龙史上，龙灯扛阁表演形式可以说是独树一帜，套路丰富，形式新颖，伴奏音乐独特，实属罕见。

龙灯扛阁源于祭祀和求雨，是传统龙灯表演与喜庆民俗文化相结合而形成的一种民间艺术形式，为当代民间龙灯艺术带来了一股清新之风。它

图三　舞龙场景　　　　　　（摄影：杨雷）

对于研究当地民风民俗，了解当地的人文特征具有重要作用。

龙灯扛阁表演是一项集体项目，一般需要八十多人参与，对于强身健体，满足群众的娱乐需求，改善人们生活方式，增进邻里关系，构建和谐社会具有重要意义。

绣球灯舞

> 2006年,齐河县的"绣球灯舞"被山东省人民政府列入第一批省级非物质文化遗产名录。

位于黄河之滨的山东省齐河县,有一种历史悠久、形式独特的舞蹈艺术——绣球灯舞。传说,它从古代的社火中演变而来,是人们祈求风调雨顺、表达安居乐业愿望的,集武术、舞蹈为一体的自娱自乐的传统民俗活动。它起源于齐河县祝阿镇官庄村,并流传至济南市长清、北园一带。

300多年前,劳动人民在饱受兵荒马乱、漂泊流离之苦后,迎来了"康乾盛世"。此后为了庆祝这一较为安定的生活,每年春节,官庄村村民都要表演"社火"。据现在的绣球灯舞传承人所讲,清代康熙年间,官庄村有一位扎彩艺人徐东文,他会做各种花灯,尤其是绣球灯做得十分漂亮,特别惹人喜爱。有一年,村里正月十五办社火,徐东文在绣球内按上转子,插上蜡烛并点燃,指导着年轻人在社火中表演。无论怎样舞动,烛光总是朝上,让人不禁拍手称绝。后来徐东文把绣球灯舞技艺传授给了喜爱舞灯的堂侄徐志林,徐志林在行进、撂场时融入了秧歌步、循环步、双挽花等舞蹈动作,增加了舞蹈的花样。徐志林年仅12岁的孙子徐久诚向其学艺,约20岁时,徐久诚考中了武秀才,他在灯舞中融入了武术套路,表演起来特别威武,充满阳刚之气。徐久诚的邻居宋武烈拜其为师学艺,后来宋武烈考中文秀才,但他仍热心于舞灯,在演出中

图一　绣球灯舞表演队表演"龙出须"的场面　　　　　　　　　　（摄影：朱新达）

设计出摆字的舞蹈样式，排列出"天下一品"等舞蹈样式。绣球灯舞成为有音乐、锣鼓伴奏，较为系统、完整的民间舞蹈，宋武烈成为鲁西一带有名的绣球灯舞会首。

据说，绣球灯舞还有一个与乾隆朝宰相刘墉有关的故事。有一年春节过后，宰相刘墉到齐河县城的马家院（刘墉的姥姥家）省亲，马家人便邀请有表亲关系的宋武烈领队，在正月十五晚上为刘墉表演。表演中摆出了"天下一品""天下太平"的字样，表示对这位宰相的欢迎和爱戴。据官庄村的民间艺人传说，刘墉即兴吟出了"故里乡人稠，烛灯似龙游。祝阿独一秀，官册村史留"的诗句，此诗成为民间歌谣流传下来。

绣球灯舞与民间艺术和乡土礼俗相辅相成，它一般在每年的正月十五以及喜庆节日表演，也有在腊月农闲时节表演的。从艺术特点上看，绣球灯舞集合了音乐、舞蹈、武术三个方面的特点，具有综合性、娱乐性、健身性、智慧性等特征。表演绣球灯舞需要演员动作敏捷，因为迅速跑动会消耗很大体力，所以以前只有男子才能舞绣球灯。在正月十五至二月初二这段时间，由村长和会首组织，村民自愿为添置服装器具演出经费捐款。正月十五日傍晚，在乡亲们

图二　官庄表演队表演绣球灯舞　（摄影：朱新达）

图三　表演队摆出"天下太平"的"天"字　（摄影：朱新达）

的彩旗引领下和鞭炮声中，人们抬着礼盒到土地庙前祭祀。在点香上供、三拜九叩之后，人们开始跳舞，表演者由起初的每组两人、四人发展到每组八人。他们全部武生装束，头戴英雄髻，腰系英雄带，脚蹬皂靴，威风凛凛，充满阳刚之气。表演者每人双手各持一个绣球灯，舞者动作主要以抖打、秧歌步、金鸡独立、循环步等为主，表演形式主要是四门斗、串花、摆子等。

绣球灯舞以历史悠久和表演造型独特闻名。它在各种节庆活动中表演，并和舞龙、高跷融为一体，承载着人们的信仰，表达了人们的愿望，丰富着人们的精神文化需求。

抬花杠

> 2006年,武城县的"抬花杠"被山东省人民政府列入第一批省级非物质文化遗产名录。

抬花杠又称花杠舞,是一种以"大姑出巡"为题材的民间舞蹈形式,主要流传于德州市武城县南屯一带。武城县位于山东省西北,东邻黄河故道,南和夏津县交界,西、北两面隔卫运河,同河北省故城县相望。当地文化气氛很活跃,抬花杠就产生在这样一片文化的沃土上。

抬花杠的起源和一个著名的传说有关。据当地著名老艺人刘凤鸣介绍,明代弘治年间,武城一带大旱,"地不生禾,树不长叶"。农历四月十八日这天早晨,有人看见城东"娘娘庙"里出现一位仙姑,脚踏祥云,手提花篮边走边撒,所到之处万物复苏,稼禾生芽,果树开花,后来她在南屯上空不见了踪影。人们认为这是王母娘娘让她的女儿下凡拯救生灵来了,为了感谢大姑的拯救之恩,人们在南屯修了座大姑庙,内有大姑塑像,从此祭祀香火延续不断。后来当地形成一种习俗,将每年的农历四月十八日定为大姑回娘家的日子,称之为"大姑出驾"或"大姑出巡"。为了向大姑表示敬意,人们会在那几天表演抬花杠。

抬花杠是由人们抬着花篮祭祀大姑的仪式衍生而来的,传说大姑爱花,人们便抬着花篮在大姑庙前表演出各种动作,表达对大姑的敬仰和感谢,并祈求大姑保佑。南屯系武术之乡，抬花杠的人大都有武术功底，这种仪式便集音乐、舞蹈、武术于一体，形成了独具一格的民间舞蹈形式。

到了清代乾隆年间，抬花杠发展到鼎盛时期，当时国泰民安，很多传统文化活动都转化成艺术活动。"大姑出巡"的艺术性越来越强，传播范围也越来越广，逐渐发展到县城及周边地区。抬花杠摒弃了原来的表演方式，舞步动作及表演套路逐步走向规范化。

当时人们相信，大姑所到之处居民安乐、禾谷丰熟、百物生长、万事兴隆，因此各村的族长竞相邀请大姑。出巡队伍每到一个村庄，花杠便进行表演，此时抬杠人各显其能，竞技献艺，同时穿插武术表演。与此同时，各村的善男信女也把祭祀用的香烛纸马放进彩船里。出巡结束后，人们把大姑神像抬至娘娘庙前，把纸人、纸马及大姑神像一起放在火中焚烧。按照当地传说，通过焚烧纸人、纸马及大姑神像这种方式，就可以送大姑回娘家。1949年以后，特别是改革开放以来，人们青睐的抬花杠继续活跃在春节、元宵节等节庆场合。

抬花杠舞蹈动作粗犷豪放，其表演形式为两人抬一花杠，花杠是弹性较强的杠杆，中间由杠柜组成，杠柜上扎竹苗，竹苗上饰绢花、纸花并拴上许多铜铃，竹苗顶端竖立一支鸡毛掸子，下端挂一盏罩红布的华盖，合成一体寓意为"吉星高照"。在抬花杠的过程中，表演者不能用手扶，而是利用头部、肩部、背部的力量完成表演动作。抬花杠的主要技巧有头顶杠、转肩、换肩、转背、颤背、蹲步、挖步、轻步等，每逢表演都是由四人两班轮换，上、下场均靠一定的武术动作巧妙地接换，丝毫不影响表演的连续性。表演者须有过硬的腿功、腰功、头功，并且要有较强的

图一　抬花杠走街串巷表演

武术功底。因此，抬花杠的舞蹈动作可归结为脚步沉、膝微弯、小甩走、大甩转、骑马蹲裆全身颤。

抬花杠的舞步主要有扛杠步、顶杠步、杠杠绕圈步等。扛杠步是两人一前一后，将杠抬于右肩，双手各握一条红绸，每拍一步，稍屈膝提脚，然后上步前行或后退，使花簇顺势上下颤悠，双手随之前后甩动红绸，走时右肩微耸，以保持花杠的平衡。顶杠步，即两人面面相对将花杠顶在头上，双腿做"马步"动作，一人原位向左渐转圈，另一人向左横移（也可一人后退，另一人前行），双手"提襟位"随之前后甩动红绸。扛杠绕圈步，即二人背相对，均右肩后扛杠，以杠柜为轴，也可做对称动作向右绕圈。此动作也可绕圈一人前行，一人后退着移动。抬花杠表演一般为十八抬，最少不低于四抬，街道行走队形变化有齿形、蛇形、直形等，撂场表演队形有二龙吐须、转十字、对杠等。抬花杠用家鼓队伴奏，主要乐器是扁鼓（当地称家鼓），其他乐器有大锣、大钹、小钹等。乐队由手锣指挥，家鼓队的锣鼓点共有七十二番（即七十二种打法），声音铿锵有力，激动人心。

抬花杠有其独到的舞蹈技艺，同时吸收了武术的演技和套路，形成了自己独特的艺术特征。其精湛高难度的表演技巧，适应了人们对民间艺术的心理需求。抬花杠在国庆、元旦、春节、元宵节等重大节日节庆进行演出，体现了它的娱乐性特征。抬花杠表演由锣鼓伴奏烘托，并穿插精彩的武术表演，形成了集舞、乐、武于一体的基本特征。

抬花杠是鲁西北平原独具特色的民间表演艺术，它凭借特有的艺术魅力世

图二　抬花杠表演

代传承。从民俗学的角度来看，抬花杠的传承和发展是当地风俗发展的缩影，加强对抬花杠的研究，对当地民间文化、民俗的研究有着重要的学术价值。抬花杠融舞、武、乐于一体，与武同源，发掘保护抬花杠对研究中华武术，促进舞、武共同发展，有着很重要的研究价值。

抬花杠源于武城，发展于运河两岸，在人们的精神生活要求和精神文明程度日益提高的今天，传承和发展抬花杠这一民间舞蹈艺术，将会更好地满足人们对精神生活的要求，丰富群众的文化生活。

莘城镇温庄火狮子

2006年,莘县的"莘城镇温庄火狮子"被山东省人民政府列入第一批省级非物质文化遗产名录。

山东省莘县地处鲁西平原,是冀鲁豫三省的交界,历史悠久,人杰地灵,文化积淀深厚。莘城镇坐落在莘县县城中心,同时也是莘县政治、经济、文化中心,著名的省级非物质文化遗产——温庄火狮子就诞生在这里,至今盛传不衰。

火狮子是一种在传统舞狮表演基础上增加火元素的新型民间艺术形式。关于火狮子的起源,有两种说法。一种说法是火狮子是用来祈福的。据说清朝初年,山东大旱,瘟疫横行。当时流传用硫黄配药可预防和治疗瘟疫,于是民间艺人便把舞狮表演和预防瘟疫结合起来,在舞狮的时候喷洒含有硫黄的火药,一来祛病消灾,二来祭神祈雨,以求尽快脱离大旱带来的瘟疫困扰。除此之外,还有一种说法认为火狮子的诞生源于先民对火的崇拜,在火文化的影响之下,才出现了火狮子这种新型的表演形式。

温庄火狮子是重要的民间舞蹈形式,有着浓郁的乡土气息,是民间最原汁原味的娱乐方式。据记载,舞火狮子一般用于庆丰收,祈求来年风调雨顺,但大多是春节过后的一种群众性的娱乐活动。它有别于传统的南狮、北狮,而是用数千根火捻点燃后的亮点组成狮子的轮廓,极具艺术感染力。

图一　温庄火狮子道具——狮头

图二　温庄火狮子表演

温庄火狮子由铁丝、绳子、木板、油布、枣树、毛头纸、草纸、捻子合制而成，工序复杂，制作工艺高超。火狮子造型奇特，每只狮子的狮毛是由3600余支火捻组成。

温庄火狮子表演时，舞狮人身上点燃火捻子，在没有任何光亮的情况下，观众只看到捻子发出的光点形成的狮子形状，看不到舞狮人。当火狮子追逐跳跃时，浑身星光闪闪，火星不停地抖落。火狮子晃肩抖毛时通身火星四溅，加上风吹，便产生了忽明忽暗、火星闪烁的艺术效果。整个演出在紧锣密鼓中进行，火狮子在火球的逗引下，时而腾空跳跃，时而追逐嬉戏，时而争球斗胜，把狮子的生活习性表现得淋漓尽致，非常生动逼真，深受群众喜爱。

温庄火狮子主要分布在莘城镇、十八里铺镇、温庄、东街、鞠屯等村。据老艺人回忆，清朝时期，莘城镇东街老艺人曾在上海、南京等地进行表演，后来火狮子表演由莘城东街传入温庄而流传至今。挖掘保护温庄火狮子，对继承优秀的民族传统文化，丰富人民群众的文化生活具有重要意义。

温庄火狮子是莘县人在长期的生产、生活、劳动中创造出来的，是表现人们精神文化生活的重要手段。其动作粗犷豪放，表演威武雄健、刚柔相济、风趣幽默。温庄火狮子集舞蹈、杂技于一体，其热闹的场面、喜庆的氛围和精彩的表演，深受大众的喜爱。2006年，温庄火狮子入选山东省第一批非物质文化遗产名录。保护和传承这一民间艺术是对优秀的民族传统文化的继承，也将为丰富民间舞蹈形式发挥重要作用。

图三　温庄火狮子表演艺人

柳林花鼓

2006年，冠县的"柳林花鼓"被山东省人民政府列入第一批省级非物质文化遗产名录。2008年，被国务院列入第二批国家级非物质文化遗产名录。

图一　柳林花鼓表演

柳林镇位于山东省冠县的东北部，自古为鲁西名镇，此地经济繁荣，文化发达，名人辈出。柳林花鼓仅存于山东省冠县的柳林镇，它本属于鼓子秧歌的一种，最初的表演形式为"地秧歌"，后来逐渐发展演变成现在的"走街秧歌"。柳林花鼓产生于清朝时期，至今已传承9代。历史上，柳林镇的民众极富反抗精神，加之当地正好处在梁山好汉的活动范围，当地民众出于对梁山好汉的喜爱，便将《水浒传》中梁山好汉化妆成民间艺人混入大名府，闹法场救卢俊义的故事融入鼓子秧歌。后来，柳林花鼓后人将这一故事变成固定的表现形式延续下来，最终发展成独特的民间舞蹈。

柳林花鼓原来包括两部分内容，第一部分表现的是梁山好汉化妆进城，一路上载歌载舞的情形；第二部分表现的则是梁山好汉劫法场，大闹大名府，救出卢俊义的战斗场面。现在仅保留下来第一部分内容。

历史上，柳林花鼓最主要的表演活动是每年四月份临清的碧霞宫庙会。这个庙会是临清周边数百里地内规模最大、历史最久的庙会，每年自农历三月三十日开始，到四月底结束。其间，各地的表演队要在"接驾""泰山奶奶出行""进驾""送驾"等一连串的仪式中进行表演，既为感谢神灵，又为祈求丰年。柳林花鼓表演时排序严格，"头行"是"扛箱子"，抬着"泰山奶奶"的"嫁妆"；"二行"是"架鼓队"；"三行"便是柳林花鼓，而高跷、龙灯、狮子、花船、渔家乐等均位列其后，可见柳林花鼓在本地众多民间艺术活动中的影响和地位。

柳林花鼓为鼓子秧歌的一种，以花鼓为主要道具，在伞、锣、鞭的配合下，载歌载舞，展示表演技巧。柳林花鼓的表演者为固定的14人，每个人都有固定的角色。伞头1人：吴用，为全队指挥；头鼓2人：刘唐、李俊；二鼓2人：柴进、花荣；头锣2人：孙二娘、扈三娘；二锣2人：顾大嫂、乐大娘子；和尚2人：武松、鲁智深；老鞑子1人：宋江；憨小1人：燕青；京妈妈1人：金小姐（鲁智深拳打镇关西所救的女子）。其中头锣、

图二　柳林花鼓表演

二锣、京妈妈5人为男扮女装。另外，这14个人物还分为内角和外角，以伞头为先锋，头鼓、二鼓、头锣、二锣为内角，两个和尚、老鞑子、憨小、京妈妈为外角。

柳林花鼓的表演形式有两种：在行进中的表演称"踩街"，在固定的场地表演叫"跑场子"。踩街时，伞头一声令下，两队人马在激烈火爆的锣鼓"踩街点"（亦称"快鼓"或"出场点"）中边舞边前进。跑场子是柳林花鼓的主体部分，分武场和文场，武场以舞为主，文场以唱为主，一般先舞后歌。跑场子时，先由伞头带领队伍以踩街的形式绕场一周，打开场子，然后表演开始。伞头上场，引出两队人马跑各种队形，其中穿插伞、鼓的技巧表演，以及伞与鼓、鼓与锣、伞与和尚的对舞表演。武场结束后，进入文场，一般由老鞑子演唱，锣手握鞭伴舞，其演唱的曲调有《绣帐幔》《好一朵奴女花》《喜歌》《爷爷儿出来吱呀呀》（"爷爷儿"为当地对太阳的俗称）、《河南有个王员外》等。文武场可反复进行，演唱也可长可短。文场结束后，伞头领全队快速跑下场，表演结束。

柳林花鼓的独特风格表现在鼓舞技巧上。它的鼓不似一般鼓舞系在腰间胯旁，而是用一条长长的背带斜挂右肩，垂于左膝下，无论舞者怎样跳、打、扑、转，鼓总不离身。

柳林花鼓的每个角色都有各自的动作技巧。伞有转伞、抛伞、搓伞、仙人指路、双搂花、跨步转伞、面花、金丝缠腕、掌花、浪子踢球、苏秦背剑、脖花、前后背花、怀中抱月、朝天一炷香、老虎大撅尾、王小卧鱼、八步赶蝉、摘星换月、金鸡独立、猫洗脸、张飞小蹁马、张飞大蹁马、白鹤亮翅等26个动作。鼓有凤凰三点头、鸭子

图三　转伞

跬、连环步、回头望月、回身大背剑、跑场步等7个动作。鞭有文鞭、武鞭动作。另外，伞与和尚、鼓还有对舞动作。

在形形色色的鼓子秧歌中，柳林花鼓独树一帜。它的表演文武兼备、粗犷豪放，开场气势威猛，如蛟龙出洞；收场快速沉稳，如猛虎归山。动作快如风、稳如松，明显是由舞蹈和武术融合而来的。柳林花鼓是土生土长的民间艺术，具有强烈的地方色彩，如其所唱的《爷爷儿出来吱呀呀》，把太阳称为"爷爷儿"，就是当地方言，其他唱词中也都充满了当地百姓的俗词俚语，这对于研究当地民间文化的发展具有重要意义。

长期以来，柳林花鼓一直作为民间的"玩意儿"默默无闻地存在。1949年，在参加了"华东民间艺术会演"和"赴朝慰问"之后，柳林花鼓受到了各级专家的充分关注和高度评价，被誉为民间舞蹈中的一朵奇葩。几十年来，许多国内外专家来到柳林，对柳林花鼓进行考察研究，记录、整理了柳林花鼓的舞蹈动作、演唱曲目，并对这项民间艺术的价值给予了充分肯定。

鼓子秧歌（阳信）

> 2009年，阳信县的"鼓子秧歌"被山东省人民政府列入省级非物质文化遗产扩展项目名录。2011年，被国务院列入国家级非物质文化遗产扩展项目名录。

"孤村隐隐起微烟，处处秧歌竞插田。"这两句诗提到了一种独特的民间舞蹈形式——秧歌。鼓子秧歌是秧歌的一种，发源于阳信县，是阳信县群众独创的民间舞蹈，鼓子秧歌也被当地群众称为"武秧歌"。

一方水土养一方文化，阳信县能孕育出鼓子秧歌，与其宜人的环境密不可分。阳信县地处鲁西北平原黄河三角洲开发区，土壤肥沃，气候宜人，人民安居乐业。鼓子秧歌遍布阳信县九个乡镇，其中最有代表性的属洋湖乡，洋湖乡地处

图一　阳信县鼓子秧歌表演　　　　（摄影：赵建美）

滨州市最西端。时至今日,阳信鼓子秧歌流传广泛,逢年过节处处都有举办鼓子秧歌的习惯,颇受当地群众欢迎。

鼓子秧歌在阳信县有着悠久的历史,也是山东三大秧歌之首。据《滨州文化志》记载:"阳信的鼓子秧歌产生于公元六百二十四年的前唐时期。"在当地的老艺人中还有这样一种说法:"先有灵霄阁,后有大秧歌。"位于阴信县城西部洋湖乡的灵霄阁建于唐代,每年正月十六日为古庙会,来自惠民、无棣、庆云、商河、济阳等各地的客商云集于此,烧香还愿,热闹非凡。离灵霄阁向东不远处便是武定府(今惠民县城孙武故里),当时城外驻有兵营,每年正月十五军民同乐,将士们手拿兵器摆成阵法,旗罗伞盖,场面恢宏壮观,舞姿粗犷豪放,动作健美大方,节奏强烈,大有气吞山河之势,更有勇往直前之气魄。舞到高潮,围观的人也加入其中,逐渐形成了今天的鼓子秧歌。其中所用的道具伞,是由古代帝王将相出巡用的"华盖"演变而来,鼓子则是由古代的盾牌演化而来,鼓槌是短刀或矛,棒由鞭演化而来。因此,舞蹈全过程类似古代的军事演练过程,即阅兵、点将、布阵、开打、收兵。据老艺人讲,鼓子秧歌所表演的故事,就是古代军事家孙膑与庞涓打斗的故事。第一个武伞所扮演的就是古代军事家孙膑。

鼓子秧歌需要分角色进行表演,主要角色有花、伞、鼓、棒四种,这四种角色是以演员所用的道具命名的。其中花为女角,有地花(不踩高跷)和跷花(踩高跷)之分,多由少女扮演。伞又分为丑伞和花伞,丑伞多扮

图二　鼓子秧歌队参加新春大联欢活动　　　　(摄影:李树坤)

作老汉形象，花伞多扮作青年形象。鼓是鼓子秧歌表演的主力，人数最多且由青壮年男性扮演。棒一般由青少年扮演。除以上四种角色外，还有一种丑角，亦称"外角"，可扮成各种滑稽角色，一般不在正式编制之内，要根据是否有能扮演这种角色的人才而定。鼓子秧歌的各种角色在人数搭配上没有统一规定，一般分为大、中、小三种类型，为了保持鼓在秧歌中的主导地位，鼓的人数是伞的人数的两倍以上。

鼓子秧歌的表演形式比较固定，分行进表演与广场表演两种。行进表演是进村后、出村前的街道表演，人们将其称为"街筒子"。广场表演大致有几个步骤，首先是秧歌队出发，探马先来到邻村，见无其他秧歌队在表演，就和该村负责人联系，并对场地情况做一番了解，随后回去向秧歌队主持人等介绍情况，然后引导大家进村。得知秧歌队进村的消息后，人们涌向村头迎接，单位、商铺或有条件的富裕人家在街口、门前设长桌摆茶点和香烟。秧歌队进村后，鞭炮齐鸣，土炮连响，锣鼓喧天，热闹非凡。在欢腾的气氛中，秧歌队开始表演街筒子，演完继续前进。

进入表演场地后，秧歌队进行定点表演。定点表演的第一个表演段就是秧歌的主体部分"跑场子"，跑场子共分为三个表演阶段。首先表演"打场子"，打场子的方式各种各样，一般由武术、高跷、舞狮子和滑稽丑角表演，目的是扩大演出场地。接下来是打击乐队居场地正中偏后位置、秧歌队面向乐队大鼓演出的"按场"。按场又分为文场、武场、文武场三种。文场即变换队形图案的"跑"。武场主要表演"打"，即队员按照规定的路线在原地或走动，并做各种有气势的、夸张的或勇猛的武打动作，常以优秀的舞蹈组合。文武场则是在一个场景中交替运用稳中有动、此起彼伏的表演，其目的是营造气氛。最后则是收场，也叫"刹鼓子"。整个跑场子的过程一般按照文场——武场——文武场的顺序反复组合，其节奏有快有慢，气氛对比鲜明，情绪有张有弛。

鼓子秧歌的场图，取材广泛，其形态来自历史故事、神话传说、战争阵式、劳动工具、生活用品、花卉建筑、服装头饰等各个方面。像"黄瓜架""牛鼻钳""勾心梅""石榴花""鸳鸯图"等，从名称到构图都散发着浓郁的乡土气息；而"炮打临清""十二连城""八仙过海""八门阵""力杀四门""紧闭四门"等，每一个场图都包含着历史故事或神话传说。秧歌艺人把许许多多的社会现象和历史故事，通过秧歌场图形象地描绘出来，并以舞蹈形式展现在人们面前，这是历代鼓子秧歌艺人聪明才智的结晶。

鼓子秧歌的主要伴奏乐器是大鼓、大锣、手锣、钹、大钗、小钗等。其中大鼓是整个舞蹈的核心伴奏乐器，大鼓直径1米，声如雷动，气势澎湃，震撼人心。在鼓子秧歌中，常见的道具有彩绸、扇子、花枝、高跷、旱船、花篮、花伞鼓、系着铜铃的拨槌、花棍等。

鼓子秧歌是阳信历史上比较有代表性和影响较大的民间舞蹈，它包含了大量山东的生活习俗、风土人情、历史信息等。阳信鼓子秧歌展现了强烈的地方色彩和山东乡土气息，场面恢宏壮观，舞姿粗犷豪放。它植根于地方文化和人民群众的实践之中，表演内容贴近生活，表现形式丰富多样，音乐伴奏喜庆热烈，具有浓郁的娱乐性。鼓子秧歌能烘托隆重、热烈的场面，渲染气氛，感染观众，给人们带来无尽的欢乐和艺术享受，长期以来深受人们喜爱。

阳信的百姓视鼓子秧歌为珍宝，并将其代代相传，上至老人，下至青少年，人人参与，皆会表演，并在传承中不断更新、发展和提高。洋湖乡在全乡中小学专门开设了鼓子秧歌的课程，将鼓子秧歌的相关情况汇编成书——《爱我家乡》，并让学生表演鼓子秧歌的各种角色，让学生系统地学习鼓子秧歌。

商羊舞

> 2006年,鄄城县的"商羊舞"被山东省人民政府列入第一批省级非物质文化遗产名录。2008年,被国务院列入第二批国家级非物质文化遗产名录。

图一　传承人陈泽川表演商羊舞动作"泰山压顶"

商羊舞是发源于鄄城县北部地区的一种古老的民间舞蹈。鄄城县位于山东省西南部,属黄河冲积平原。这里四季分明、气候宜人,地势西南高、东北低。鄄城不仅有古濮州八景之一的"杏岗春色红十里",更有千年的农耕传统。春秋战国时期,鄄城就已经是一座人口稠密、商业繁华的县城。在丰厚的历史文化底蕴熏陶下,鄄城县孕育出诸多精彩纷呈的民间艺术奇葩,商羊舞便是其中的佼佼者。

商羊舞的表演原是祭祀求雨时的专用舞蹈。后来,人们在风调雨顺或农业丰收之时，同样也跳商羊舞，以表现发自内心的喜悦心情。据杏花岗村老艺人讲，每年三月三或逢大旱之时，十里八乡的人们都聚集在杏花岗村三官庙前举行盛大的祭祀仪式。跳商羊舞便是祭祀的主要内容，目的是祈求风调雨顺。据学者考证，商羊舞源于人们对一种"水祥"——商羊鸟的崇拜。关于商羊鸟被认为是一种水祥吉兆的记载，可见于《孔子家语·辩政》、王充的《论衡》、蒲松龄的《聊斋志异》。据文献记载，每逢阴天下雨之前，就会有成群的商羊鸟从树林里出来，又蹦又跳，又窜又闹地玩耍。天长日久，人们见商羊鸟出现，就知道雨要降临，家家户户就能有所准备。久而久之，每当出现大旱，人们便会焦急地期盼商羊鸟成群出现。尽管随着社会历史的变迁，商羊鸟在春秋战国后期逐渐绝迹，可劳动人民对风调雨顺的渴望从未减弱。于是，人们就逐渐把商羊舞固化为一种祭祀活动。旱年时，人们跳商羊舞表达自己对风调雨顺的渴望；丰收时，人们自扮商羊鸟，戴面具，拿响板，单足高跳，并模仿商羊鸟摇头晃脑的样子，以此来表达对神灵和商羊鸟的感恩之情。这种模仿商羊鸟求雨的动作与传统的祭祀仪式逐渐结合在一起，经过不断地完善、升华，逐渐成为一种特殊的民间舞蹈——商羊舞。这种以商羊舞为主要内容的祭祀活动，逐渐演化为定期于每年农历三月三日举办的固定庆典。商羊舞是勤劳的鄄城人民历尽艰辛流传下来的集体创作的结晶，象征着劳动人民对美好生活的追求。

商羊舞使用的器具简易质朴，所用吹弹乐器和打击乐器比较单一，乐曲古朴，不尚华丽。只要有清脆的响板，加上代表丰收和财运的表演彩衣，就可以作为表演商羊舞所需的全部道具。一开始，商羊舞的伴奏音乐旋律沉稳、抒情、细腻，节拍缓慢，表现了人们祈福求雨的复杂心情。紧接着，音乐节奏由慢变快，旋律悠扬明快，舞蹈动作也随之变得舒展跳跃，逐渐把舞蹈推向高潮。

商羊舞是一场盛大的集体舞，一般以12到16人为宜（男女各半）。舞蹈演员上穿彩衣，下穿彩裤，腰系彩带，手拿响板，上系一对铜铃和红缨结成的一朵花，两个脚脖上各系一对铜铃。在乐队的伴奏下，舞蹈演员手持响板跳舞，模仿商羊鸟的动作，双手持响板有节奏地撞击，发出脆响，模仿商羊鸟的叫声，进行表演。

图二　商羊舞表演

商羊舞的主要队形变化有下山（即集体上场）、上山（即集体下场）、卷箔（向内转圈，交插队形）、二龙吐须（男女两队由中心向外反转）、交麻花、商羊戏水等。表演的动作主要有行走（双手托响板在胸前竖立撞击，一足抬起跳动向上）、泰山压顶（女演员蹲下，手持响板撞击；男演员站立，手持响板，响板头向下击节，表现商羊鸟的欢快起舞）、抵头（男女队员各持响板，分两队，响板头互相抵着，并击之。传说商羊鸟抵头，天空就会下雨）。此外，还有商羊腿、前仰后合步、前跳步、后弓步等动作。商羊舞以鼓为主的民间打击乐器（鼓、锣、钹、镲、梆等）和音色浑厚、高亢、富有较强表现力的鲁西南民间乐器坠琴，使音乐的节奏节拍与商羊舞的动作完美结合在一起。

1956年，商羊舞曾参加山东省民间音乐舞蹈会演，荣获节目整理二等奖和演出二等奖。1990年，商羊舞被载入《中国民间艺术大辞典》（民间舞蹈篇）。这些成就一方面说明鄄城商羊舞背后代表的是劳动人民的美好愿望，另一方面也是对鄄城商羊舞独特的艺术感染力的肯定。

梆鼓秧歌

> 2009年,济南市历城区的"梆鼓秧歌"被山东省人民政府列入第二批省级非物质文化遗产名录。

梆鼓秧歌是一种集歌、舞为一体的民间舞蹈艺术形式,距今已有四百多年的历史。它起源于济南市历城区港沟镇有兰峪村,并以港沟为中心,覆盖历城全境,并辐射至周边县区。

四面青山一阳川,古塔矗立数百年。古老的石磨,蜿蜒的山路,记载了有兰峪村的历史沧桑。明代万历年间,有兰峪村有个叫张文宾的铁匠,几十年如一日地乐善好施。他用自己卖豆腐赚的辛苦钱接济村里的孤寡老人和极为穷困的人,人品极佳,受到人们的爱戴。张文宾去世后,他的妻子刘爱云仍以卖豆腐为生。做豆腐之余,她常常敲打豆腐梆子,边唱边跳,这就是豆腐秧歌的雏形。

有兰峪村还有一个何姓家族,其始祖何万里根据做豆腐时推豆腐、揉包、敲梆、挑担等过程,借用了一些耍龙灯、跑旱船的走场套路,形成了以取福("福"字谐音豆腐的"腐")、送福、接福、都福为内容,角色完整的豆腐秧歌。每年腊月二十三过后,以豆腐秧歌为主,秧歌队组织扮玩队伍,先到张文宾夫妇墓前祭拜。然后,秧歌队敲锣打鼓,按辈分和家境好坏挨家挨户送福,各家各户在自己家门口由长者接福。秧歌队走街串巷时打起豆腐梆子,后来人们就叫它梆子秧歌。随着时间的推移和长期的演变,梆子秧歌的伴奏在单

图一　梆鼓秧歌

一的打击乐基础上增加了吹打乐，道具也在单一的梆子基础上增加了小鼓。秧歌队演出时，梆鼓交叉，表演者随梆鼓不同声响和节奏走场变阵。由于伴奏中有梆有鼓，后来人们又叫它梆鼓秧歌，一直沿用至今。

梆鼓秧歌受当地民俗的影响，从表演内容到表演形式都突出了豆腐的鲜明特色。豆腐在当地群众的生活中不仅是物美价廉的食物，还借以豆腐谐音"都福"寓意吉祥。每年春节来临之际，梆鼓秧歌便装扮起来，前面是彩旗、锣鼓开道，紧接着有两人抬着用秸秆扎制的上贴大红"福"字的五谷丰登粮囤，后面便是梆鼓秧歌队边跳舞边行走，走街串巷，到达场地后进行表演，为乡亲们送福，因此深受群众喜爱。梆鼓秧歌代代相传，经久不衰。

梆鼓秧歌的演出形式分取福、送福、接福和都福。从取福到送福，再到接福，人们围绕都福的相互祝愿和祈盼，形成了祥和、幸福、快乐的生活氛围。梆鼓秧歌中的角色有3种：男（梆）、女（包）、小妞（鼓）。根据演出场地的大小，3种角色按倍数增加，最少12人表演。3种角色的步法有十字步、碎步、蹲起步、晃手蹲步、跪步等十多种。

梆鼓秧歌表演时，其场图变化体现出做豆腐的生活情境，如开场的"豆腐架"，接下来的"小推磨""大推磨""串磨坊""走街串巷"等队形朴素美

图二 送福

观，生活气息浓郁，展现出一幅幅紧张、愉快的劳动生活场景。梆鼓秧歌的伴奏，最早只有梆子、手鼓。为了渲染气氛，增加欢庆效果，便增加了打击乐，而后又增加了民间吹打乐和板胡、笙、唢呐等乐器。根据打击乐伴奏谱，曲词分广场表演和串街上门表演两类。

梆鼓秧歌源于人民群众的生活，把生产、生活的具体过程通过舞、歌的形式形象化、艺术化地表现出来，这是梆鼓秧歌的重要特征。梆鼓秧歌的表演形式和内容通过推磨、做豆腐、卖豆腐等欢快的劳动场景，体现了外化的劳动心理和生活状态，也是人们感知自然、适应自然的朴素的艺术反映。

梆鼓秧歌是当地人祈福的寄托，它借用豆腐的谐音，通过取福、送福、接福、都福、全家福、福临门等表现内容，巧妙地契合了人们求福盼福的心理。梆鼓秧歌演出时所用的粮囤、梆鼓、彩旗等道具都贴着"福"字，唱词都是以"福"字为核心，句句不离"福"。

梆鼓秧歌从简单的家庭自娱自乐形式，发展到一村或多村共歌共舞的秧歌舞蹈，成为当地人节日期间争相表演的民间艺术形式。这主要源于梆鼓秧歌展示了人们辛苦劳作，祈盼幸福，向往美好的心理。它于鼓、舞、歌中挥洒对生活的热爱，体现了古今劳动人民崇尚自然、美好、和平的理念，是研究农民社会实践和心理价值取向的宝贵资料，具有较高的历史文化价值。

梆鼓秧歌没有虚幻的情节及内容，源于生活，又高于生活，体现了人与人之间、村与村之间的祥和友善。梆鼓秧歌表演突出鲜明的祝福特色，有更直接的社会现实价值。梆鼓秧歌直接反映了济南地区传统的舞、歌、鼓等艺术表演方式，它反映了人们对幸福生活的向往和追求，表达了梆中有情、鼓中有舞、舞中有歌的舞蹈美学。

社会各界一直在为更好地传承与发展梆鼓秧歌而努力，省、市舞蹈家深入走访、调查、挖掘、整理梆鼓秧歌的相关资料；以济南市历城区为中心，形成了四个不同风格特色的梆鼓秧歌保护区；梆鼓秧歌被列入了中、小学的艺术教学课程；农闲季节集中对梆鼓秧歌人才进行培训等一系列措施，使梆鼓秧歌的原生态艺术魅力得到淋漓尽致的体现。

图三　梆鼓秧歌表演

加 古 通

2009年，平阴县的"加古通"被山东省人民政府列入第二批省级非物质文化遗产名录。

加古通亦称打长板，流传于平阴县境内，在孝直镇宋柳沟一带尤为流行。由于此舞是用打击乐曲"二十四番"伴奏，鼓点打法是击打鼓边、鼓心、闷鼓，同时舞者手持夹板与锣鼓配合边击边舞，而发出"加古通、加古通，加右、加古、加古通"的声响，由此而得名。

平阴县地处济南、泰安、聊城三市结合部，而孝直镇宋柳沟村位于平阴县东南部，距县城二十五公里，土地肥沃，有"平阴县第一粮仓"之美称。平阴历史悠久，名胜古迹遗存众多，文化积淀丰厚。

关于加古通的起源，当地比较统一的说法是源于古代民间祈雨活动。人们祈求风调雨顺，把希望寄托在想象中的神灵身上，以为神乐人才安，因此想象出许多美丽的传说。传说明代时有一年平阴大旱，禾苗枯焦，有一位县官决心为民祈雨。为表示心诚，他赤脚站在烧红的鏊子上，祈拜苍天。县官双脚烙得疼痛难忍，不停地跳蹦，但仍神色自若，并不时和身边两个随从说笑逗趣。他的行为终于感动了上天，天降大雨。从此，每逢干旱时节，群众便聚集起来，模仿着县官的姿态动作向上天祈雨。

加古通的表演一组三人，配合默契，浑然一体。其中"县官"（亦称"引

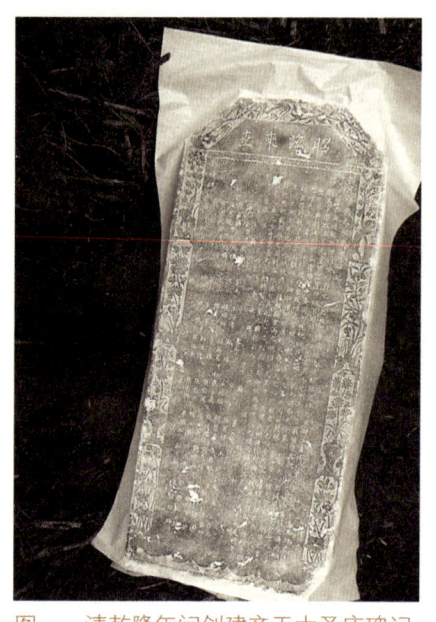

图一 清乾隆年间创建齐天大圣庙碑记

子")一人,小花脸(小丑)扮相,头戴圆翅乌纱帽、卡夹鼻胡,身穿大红小官衣、白色彩裤,脚穿黑色快靴,右手持芭蕉扇,左手握毛巾。"县官"左右有两名随从(亦称"腿子"),头戴皂隶帽,身穿黑色素箭衣,腰扎英雄带,手持"夹板"。"夹板"形似挑宫灯的竹篾,两个竹篾上端用铁条连在一起,篾上系红绒球、红缨和铜铃,随着锣鼓节奏相击。它既是道具,又是独特的伴奏乐器。

加古通表演动作敏捷,步伐轻快,风趣幽默,特别是"县官"的撅胡、伸脖动作,滑稽可笑。"县官"的动作有盖扇、盖巾、加鼓步、绕腿步、拍地跳、撅胡、伸脖、踢步等。表演按打击乐曲"二十四番"的锣鼓节奏进行,整个舞蹈表演一气呵成,既可在行进中表演,也可在场地表演。其人数不限,三组、五

图二 加古通表演

组、七组、八组、九组皆可,每组有一名"县官"、两名"随从",整个表演均按"二十四番"的锣鼓节奏进行。加古通的伴奏锣鼓"二十四番",通过打鼓边、敲闷鼓,突出大锣与小镲交替多变的演奏方法,强化了舞蹈节奏跌宕跳跃的动感,再与"引子"身上披挂的铜铃声和"腿子"手持的"夹板"的撞击声相配合,交相辉映,浑然一体,形成了一种粗犷热烈、滑稽乖俏、幽默风趣的独特风格,在动作与情感中蕴含着一种激动人心的内在魅力。

加古通源于古代祈雨活动,成熟于近代节庆民俗活动,至今在宋柳沟村流传。因此,加古通的历史性不言而喻。当地人跳加古通多为即兴表演,群众不仅爱看,而且爱跳。特别是在春节期间,不论是大人还是孩子,只要一听到加古通的锣鼓声,便纷纷聚而起舞。加古通已经成为群众文化生活的一部分,具有娱乐性。加古通节奏感强,跳蹦富有弹性,表演风趣幽默。表演时三人一组配合默契,浑然一体,整个舞蹈一气呵成,情绪欢快热烈,观者无不为之所感染。与此同时,加古通伴奏锣鼓"二十四番",是一个独立完整的打击乐曲。因此,加鼓通具有很强的艺术性。

加古通起源于古代民间祈雨活动,成熟于民间节庆民俗活动。几百年来,人们总是延续着年年跳加古通的习俗,舞蹈总是那样喜庆吉祥、风趣乖

图三　宋柳沟村少儿加鼓通队在街头演出

俏、欢快热烈，释放着人们的情怀，表达了人们心中的意愿和祝福。加古通对研究民间民俗活动的历史沿革和民间舞蹈发展历史具有一定的价值。加鼓通源自民间，在当地群众中有着深厚的基础，深受人们的喜爱。加古通丰富了人民群众的文化生活，在一些活动中得到广泛应用，促进了经济社会和谐发展，为现代物质文明建设和精神文明建设发挥了积极作用，具有重要的现实价值。

莱西秧歌

2009年，莱西市的"莱西秧歌"被山东省人民政府列入第二批省级非物质文化遗产名录。

莱西地处胶东半岛腹地，有"青岛后花园"之称，交通发达，是烟台、青岛、潍坊三个城市的交通枢纽。莱西市境内的大沽河、小沽河、洙河三大水系斜贯南北，有"半岛明珠"之称的产芝水库也在这里。在这地杰人灵、物华天宝的土地上，孕育出了"莱西秧歌"这朵瑰丽的民间艺术奇葩。

20世纪70年代末，莱西境内挖掘的岱墅汉代墓中出土了大量的漆器生活用品文物。尤其是有"天下第一"之称的真人比例的提线木偶的出土，佐证了过去莱西境内的人类娱乐活动的丰富多彩。莱西秧歌流行于民间，经过几个朝代的更迭变化，尤其是明代一次大的民族大迁徙后，逐步形成了莱西秧歌独有的表现形式。

据莱西秧歌老艺人孙会明讲述，他们的祖先在明代洪武年间，从山西"大槐树"一地迁来，到莱西后在此休养生息。祖先们为了让后人记住迁徙流离的辛酸劳苦，结合当地民间舞蹈，开创了"跑秧歌"的形式，即秧歌舞队人员跑各种不同的路线队形，而组成不同的"画面"。

清代光绪年间，慈禧太后喜欢皮黄戏，直接影响了民间艺术的发展。莱西秧歌老艺人孙会明回忆：他的师爷刘应旭是济南人，当时在北京天桥卖艺，后来因为"戊戌变法",带自家杂艺小班逃离北京,来到莱阳躲避祸事,并在莱阳长园区孙家疃村(现莱西沽河街道办事处孙家疃村)住下,以演杂剧、杂艺的技法"课徒授业",养家糊口。莱西秧歌因此有了戏剧的结构成分,"丑婆"的表演技巧也由此提高,莱西秧歌整体演出框架从此奠定。清《莱阳县志》中载:"陈百戏、演杂剧、鸣箫鼓,谓之秧歌。"

莱西秧歌因"陈百戏、演杂剧"而深受当地人的喜爱。莱西人称秧歌表演为"跑秧歌",跑秧歌技巧不高,人人能跑,村村能办。俗称"子弟班"的以跑秧歌为主;能演秧歌戏的多为几个村联合组织集合的各种人才,俗称"江湖班"。莱西秧歌除了在春节、元宵节表演外,还在庆贺生子、喜迎嫁娶、祝福庆寿等民间礼俗中为事主表演。后来,莱西秧歌受到新文化思潮影响,在表演中加入了活报剧、小歌剧等元素,形式灵活,内容风趣,更受人们欢迎。

莱西秧歌用《小生调》《嫚儿调》《老头调》《狠婆调》等十几个曲调来表演故事,其曲调为莱西秧歌独有,代表剧目有《跑四川》《张郎休妻》等戏。从农历十一月至第二年三月为活动期,春节前后与元宵节时,活动最为火爆。莱西秧歌是广场式、群体性的民间舞蹈,集舞蹈、戏剧、音乐等多种元素于一体。它以舞蹈为框架,主要体现在各种队形的变化上,俗称"跑画面",

图一 莱西秧歌表演

用不同的画面来间隔戏剧的场次。

莱西秧歌的角色有乐大夫、嫚儿、老头儿、善婆、小生、丑婆儿等。乐大夫是秧歌演出的组织者与指挥者。嫚儿在莱西秧歌中负责舞队表演，有组合画面的作用。老头儿是演秧歌戏时特定的角色。善婆是演戏剧的角色，舞蹈时负责在舞队跑动。小生也是秧歌戏的特定角色。丑婆儿是莱西秧歌中至关重要的角色，在舞队表演中，不拘程式，可任意与每一角色打逗。丑婆儿步法有扭步、瘸拐步、簸箕步等，动作特点有抖肩、耸肩、双肩交错抖、扭胯、梗脖等。在秧歌戏演出中，丑婆儿扮演辣妇狠婆，唱腔刁钻，大多滑音，或上挑或下滑。其表演方式和风格独具特色。丑婆儿一般由男性担任，动作力度大，跑、跳、打、斗极尽"关目"。乐队由戏剧打击乐和民族管弦乐组成，打击乐有堂鼓、大锣、铙钹、小锣、小铙五件乐器，民族管弦乐由唢呐、笙、二胡、笛子等组成。

莱西秧歌的舞蹈以队形变化为主，又称作"跑画面"。其队形有十余种，环环相扣，繁简相宜，各种画面流动不止，往复不息，极具观赏性。优美的图形和群体协调性，是莱西秧歌与其他秧歌最明显的区别。莱西秧歌表演的画面种类有四门斗、龙摆尾、三鱼争头、五星、别杖子（单、双）、蛇蜕皮（快、慢）、剪子股、八字（单、双）、十字、双跺步等。

莱西秧歌表演时，舞队列于场内两边，中间为演戏场地。戏剧的题材主要是家

图二　莱西秧歌中的"丑婆儿"

图三　莱西秧歌表演

庭伦理、道德教化，结构样式如同戏曲，先表达主人公的悲惨遭遇，最后是惩恶扬善，大团圆结局。演出的戏目有《安儿送米》《双换妻》《张郎休妻》《儿女哭坟》等。《安儿送米》一戏的梗概为：贤女庞三春嫁给姜有思，婆婆姜王氏对其百般刁难，动辄打骂。在庞三春生子当日，其小姑丘姑女撺掇姜王氏逼姜有思休妻，庞三春雪夜离开姜家，冻饿交加昏倒在路旁，适逢一老尼姑搭救进庵。七年后，庞三春之子安儿向父询问母亲，姜有思无话，邻居告诉安儿他母亲的遭遇及其所在之地。安儿私下攒钱买米进庵见母亲，后说服家人，迎母亲回家，合家团聚。戏剧因剧情曲折、主人公遭遇坎坷，很容易引起百姓共鸣，且唱腔易学，因此广为流传，深受欢迎。

莱西秧歌涵盖了舞蹈、戏剧、音乐等于一身，舍去歌与戏，可舞蹈健身强体；舍去舞蹈，可演出秧歌戏。而现在的秧歌培训班、秧歌大赛、每年正月十五的"秧歌闹春""秧歌拜年"广场演出等活动，使莱西秧歌流传更加广泛。作为扎根于民间的自娱自乐的文化艺术形式，莱西秧歌随着社会的变迁融入了不同时期的民风，并发展得越来越好，对经济文化等的发展也具有重要作用。

四蟹抢船

2009年,枣庄市市中区的"四蟹抢船"被山东省人民政府列入第二批省级非物质文化遗产名录。

枣庄市位于山东省南部,地理位置优越,交通方便,是南北交通要道。全市多季节性河道,光照充足,降水较多。过去,此地人以渔猎为生,长期的渔猎生活使鲁南人粗犷豪放,能歌善舞,因此鲁南向来以"民舞之乡"著称。四蟹抢船是流传在枣庄一带的民间舞蹈之一,其名称又叫四蟹抢亲、四蟹夺船。四蟹抢船,距今已经有700多年的历史了。

四蟹抢船主要采用民间游艺的表现形式,其角色有渔翁、渔姑和四只螃蟹精(即四蟹)。渔家父女多以轻盈飘逸的划船、撒网、赶场动作为主,四只螃蟹精主要以骄横顽皮、变化多端的爬行、翻滚动作为主。

表演一般是在黎明前,四只螃蟹精舞着螃蟹步,相互嬉戏逗趣,时而溅起水声,左走走、右瞧瞧,横行霸道,嬉闹无忌。忽然听到鸡叫的声音,三只螃蟹精急忙拉另一只螃蟹精下去,而那只螃蟹精却一直贪恋远处隐隐传来的歌声。这时,渔家父女轻摇小船,做采莲动作上场。女儿渔姑要采一枝荷花送给父亲,反复几次都够不到。突然荷花向她缓缓靠近,渔姑伸手要采,却发现荷花下藏着一只螃蟹精。她正想将手抽回,却被螃蟹夹住不放。小船颠簸,渔父举起船桨将蟹夹拨开。螃蟹精被激怒了,它叫来同伙,展开了一场风趣幽默的打斗。最后，渔家父女终于征服了螃蟹精，正义战胜了邪恶。整场演出节奏鲜明，高潮迭起，灵活生动。

四蟹抢船的节拍采用了戏曲和民间音乐中常用的"一板一眼"和

图一　渔翁和渔姑

"有板无眼"交替出现的节奏形式，使节奏更适合表现剧情内容的变化。伴奏音乐为民乐合奏形式，演奏形式非常灵活。伴奏乐器以唢呐为主，配以笛子、二胡、扬琴、笙、打击乐烘托气氛。四蟹抢船的乐曲旋律时而幽默诙谐，时而热情欢快，又时而婉转抒情，配合剧情反复变化。唢呐演奏贯穿始终，使用循环换气和快速双吐的演奏技巧来演绎华彩乐句，其声音高亢嘹亮且哨片可以完全不依赖气孔发声，所以模仿渔翁笑声惟妙惟肖。

在四蟹抢船的表演中，角色的穿着打扮更是别具一格，充满了地方特色。渔翁一般上身穿着镶蓝边的白色马夹；下身穿着镶蓝边白色短裤；头上戴着凉帽，上面盘着白色的发髻；脚上穿着薄底布鞋。渔姑上身穿着粉红色的大襟短褂，外面套着镶着金边的黑肚兜；下身穿着白色短裙和粉红色彩裤；头挽发髻，后扎大辫子，头上一般戴着五颜六色的花朵；

图二　采访老艺人

脚上穿着彩鞋。四只螃蟹精大多穿橘黄色连体紧身衣，背着浅绿色蟹壳，手套着螃蟹大夹。

四蟹抢船多在逢年过节、庙会社日时演出，演出中多以闹趣为主。四蟹抢

图三　四蟹抢船表演

船演出的故事情节性强，通俗易懂，很适合利用舞蹈形式进行表现。同时它的舞蹈动作轻盈飘逸，可繁可简、可难可易，多以爬行、翻滚为主，风趣诙谐，惹人喜爱。四蟹抢船既可以采用传统民族吹打乐进行伴奏，也可以采用现代音乐进行伴奏。

现在，四蟹抢船既可在踩街行驶、民间喜宴、婚礼等活动中表演，也可在舞台上进行演出，有着浓厚的地方特色和生活气息。其道具更是形象逼真，再加上鲜艳夺目的服装，可以说四蟹抢船具有鲜明的鲁南地方特色。

四蟹抢船在演变过程中，已经形成自己独特的表演形式和艺术特点，是深受广大群众喜爱的地方性舞蹈。无论是从故事内容、舞蹈语言还是从音乐、服装、道具等方面，都已经形成了自己独特之处，这对于研究鲁南民间舞蹈具有重要意义。继续挖掘整理该舞蹈，对于加强精神文明建设，丰富广大人民群众的文化生活，构建和谐社会，都有着积极作用。

独 杆 轿

> 2009年,枣庄市峄城区的"独杆轿"被山东省人民政府列入第二批省级非物质文化遗产名录。

枣庄市峄城区旧称峄县,是千年古城,在古时是兰陵郡、兰陵县、缯州、承县、峄州、峄县等历代治所。独杆轿这个独特的民间舞蹈艺术就从此地孕育而出。

在独杆轿演出进行中,唢呐乐队在前面开道,曲牌为【秧歌调】【步步高】【凡调子】等。轿群后有两名脚夫,用竹扁担挑着高度放大的五谷、苹果及鱼鳖等道具。独杆轿的队伍是3人一组,共17人。县官轿前有两名旗牌手,旗牌上分别写有"一身正气""两袖清风"的字样;县官轿后的4个轿组均为两杆轿并行,坐轿人的扮相为老旦、青衣、娃

图一　独杆轿演出

娃生、娃娃旦,他们都穿着戏装。县官手执官印,其后的坐轿人各有各的道具,如彩扇、花伞、金元宝、玉如意等吉祥物。县官和坐轿人在表演中抱拳稽首,向观众"拜年",与观众频频示意并进行交流。

图二 坐轿人表演

表演的时候,轿夫、旗手步调一致,左右徘徊,表现出上岗、下坡、快进、慢行、顶风、冒雨等虚拟动作。队伍穿插变化,坐轿人各以其"身份"展现其形体动态、内在心态及面部表情,并与观众交流。随着音乐节奏和竹竿不同幅度颤动,上下两层轿"翩翩起舞",大起大落,形同波涛。坐轿人以惊险的表演给人滑稽而惊喜的艺术感受。独杆轿的主要道具是一根4米长的竹竿,坐轿人在竹竿上悬空腾跃,给人提心吊胆的刺激之感。

独杆轿反映真实的历史人物,塑造的清官形象深得人心。它以高难度的动作、精密的艺术结构及娴熟的表演技巧,展示了劳动人民丰富的想象力和创造力。独杆轿表演灵活,可拉场,可登台,可在行进中展演。在独杆轿队伍结构中形成"上下两层"的表演,产生了"平面与立体"交叉的艺术效果。

独杆轿具有浓厚的乡土气息,它代表了鲁南地区独特的民俗文化风格,展示了独特的艺术魅力。人们在挖掘整理了艺术资料后,将独杆轿纳入地方史志和文艺史志汇编。同时,在《枣庄文史》《峄县民俗志》《枣庄史志》《峄城区志》等书籍中,通过相关文章资料对独杆轿进行宣传,进一步扩大了影响,并展示了其文化软实力的社会价值。作为当地人最喜爱的民间舞蹈,峄县独杆轿将"官民同乐"的故事传给一代代人,具有重要的社会价值。

盐垛斗虎

> 2009年,东营市东营区的"盐垛斗虎"被山东省人民政府列入第二批省级非物质文化遗产名录。

盐垛斗虎起源于黄河尾闾的东营市东营区龙居镇盐垛村。清光绪十一年(1886年),东营市龙居一带遭遇旱灾,庄稼颗粒无收,盐垛村大部分村民外出逃荒要饭。村民张凌云年轻尚武,有武术功底,为人仗义,有四五个村民跟着张凌云一起到外地逃荒要饭。有一年大年初一,他们讨饭来到一个村庄,看到有玩老虎的非常惊奇。张凌云见过舞狮的、舞龙的,却没有见过玩老虎的,便跟着玩老虎的串了好几条街。他看到玩老虎的每到一户人家门口表演时,这户人家便以鞭炮迎接,表演完毕还赏钱和粮食给表演者。张凌云想,学会这门手艺比上门讨饭强,于是他向玩老虎的艺人表达了自己拜师学艺的想法。这些玩老虎的艺人看他们是外乡人,又是要饭的,就没有搭理他们。可是张凌云并没有灰心,他从大年初一到正月十六天天跟着玩老虎的,一边要饭,一边在一旁偷学动作。经过半个月的学习,张凌云也能够像模像样地表演一些动作了,他便和一块出来要饭的几个同乡商量,提议不再上门要饭,转为表演玩老虎。大家伙听了他的提议后,一致同意。说干就干,没有钱买道具,他们就和泥做胎,做成虎头的样子。晒干后,在上面用草纸和糨子(一种面糊糊)一层一层地糊了一个老虎头。然后,他们又扯了自己的被单，找人画了虎头、虎衣，由两个人装扮起来，仿照着玩老虎的技艺，一路打场子卖艺，直到过了清明才回老家。

回家乡后，张凌云在原先斗虎动作的基础上进行了大胆创新，借用老虎的抓、扑、咬、剪、冲、跃、拍等动作，编排了一整套斗虎舞蹈动作。斗虎舞表演时，先由1人持钓鱼鞭在锣鼓声中打出一个直径约50米的圆场，名曰"开场子"。接着4名斗虎英雄引领老虎在场内进行舞蹈表演，4只老虎跑跳翻滚，摇头摆尾。斗虎英雄或赤手空拳，或手握木棒，引逗老虎，在锣鼓声中，做各种舞蹈动作，中间穿插滑稽高跷、旱船、衙司观虎等表演项目。他们在本村和邻村走街串巷地卖艺表演，因表演形式独特，且虎在鲁北地区又是勇猛、吉祥、安全的象征，所以附近有钱的大户纷纷前来聘请他们演出。从大年初一到正月十五，他们每天都表演七八场，每到一处，观看的百姓人山人海，盐垛斗虎一炮而红，声名远播，在鲁北地区享有很高的声誉。

当地流传着"有钱没钱，照样过年。老虎一到，四季平安"的顺口溜。后来，每年正月初一这天，当地百姓纷纷在家门口燃起鞭炮，捧出好烟好酒，迎接斗虎表演队的到来。斗虎表演这种民间舞蹈形式，逐渐由单一的春节期间表演，发展到平时也表演。盐垛斗虎表演成为当地百姓生活中不可缺少的一部分，成为当地群众祈求平安、幸福、健康生活的象征。

1949年后，盐垛村的斗虎表演队经常在重大庆祝活动或节日时演出，丰富了当地群众的业余文化生活。1981年，盐垛村成立了以斗虎为主的"民间艺术宣传队"。近年来，龙居镇对盐垛斗虎民间舞蹈进行了深入挖掘整理，并组成了专门的队伍进行学习排练。从1989年至今，盐垛斗虎表演队每年都参加东营市区组织的民间文艺会演，赢得了群众的广泛赞誉。

图一　盐垛斗虎中的老虎扮相

图二　钓鱼鞭

盐垛斗虎表演者所用服饰极为讲究。击鼓、击镲、敲锣者服饰相同，均头扎黄头巾、系箍。身穿黄色对襟上衣、蓝色或黑色灯笼裤，腰系紫色或黑色四喜带，也可系一条红绸子，脚穿白球鞋或黑圆口布鞋。4只老虎服饰相同，1只老虎需要2名演员，1人顶虎头，1人扮虎尾，虎身长2.5米。

盐垛斗虎表演所用道具如下：2米长的腊杆上部用铁环连接1.8米长的绳索，上系长10厘米、重300克的六棱铁制鞭头，由此制成钓鱼鞭。木棒一般选择直径3厘米、长100厘米尺寸的。

盐垛斗虎表演中也经常使用鼓、铜镲、铜锣等乐器。伴奏采用民间打击乐，参与者动作要合上鼓点的节奏，一般需要直径100厘米、高80厘米的鼓，以及两根长45厘米的木质鼓槌。大铜镲需选择直径30厘米的，镲脐中间系一条40厘米见方的红绸。小铜镲一般直径20厘米，镲脐中间系一条30厘米见方的红绸。此外，还需要直径50厘米的铜锣和一根长40厘米的木制铜锣槌。

盐垛斗虎舞是一种集娱乐、舞蹈等为一体的综合性民间艺术形式，表演者通过与老虎的嬉戏打斗营造一种欢乐、祥和的氛围。表演者动作幅度大，具有晃胯、扭腰、踢腿等动作，表演中的转身、走步、跃虎等动作均有一定的技巧。

如今，盐垛斗虎作为一种民间舞蹈仍然活跃在群众当中。斗虎表演队每年定期组织进行会演，使更多的群众观看这一民间艺术的风姿，感受它的艺术魅力。斗虎人才的选拔，为培养大批的继承人提供了可能。

盐垛斗虎作为黄河流域的民间艺术，它扎根于人民群众生活之中，具有深厚的群众基础。它的产生和发展过程，与当地群众的生活和风俗习惯息息相关，是劳动人民智慧的结晶，具有很强的历史价值。

福山雷鼓

2009年，烟台市福山区的"福山雷鼓"被山东省人民政府列入第二批省级非物质文化遗产名录。

福山有着深厚的文化底蕴和历史传承，一批独具特色的民间艺术形式产生于此地。凝聚着福山人民集体智慧和创造精神的福山雷鼓，经过几代人的创造、加工、整理，已经成为最能体现福山传统文化风貌和特点的文化精品。

福山雷鼓是一种亦鼓亦舞的综合性民间游艺活动，因表演时鼓声如"雷"而得名。据考证，福山雷鼓形成于清代乾隆年间，以其豪放、古朴的表演风格，严谨的表演程序，恢宏的表演气势而著称。

关于福山雷鼓的源头有两个版本：一是"冲锋鼓"，形成于战国时期。每次战斗得胜，号令者就会让士兵砸木头、敲石头以鼓士气，再接着冲锋。二是"祭祀鼓"。通过宋家疃村东的"三管庙""钟鼓楼"和鼓面所绘

图一　福山雷鼓

的太极阴阳图,以及过去福山最大的太平顶庙会由雷鼓开道可以发现,福山雷鼓是道教祭祀活动的重要内容之一。

据传,唐代李世民在东征海上遇险,龙王救驾有功,李世民遂令大将尉迟敬德在太平顶山上监修龙王庙,建有各式殿堂180多间。殿堂完工后,李世民给龙王大殿题对联:海水朝朝朝朝朝朝朝退,波浪长长长长长长长消。每年农历四月十八日为"太平顶山会",又称"庙会",民间称"赶山"。每到这时,近至蓬莱、栖霞、牟平,远至北京、天津等地的善男信女、商贾小贩、官僚绅士皆云集于太平顶山上,或进香参拜,或求福还愿,或买卖贸易,或文化娱乐。雷鼓队迈着整齐的舞步,擂起各种节奏的鼓点,惊天动地,震撼人心。鼓手们穿着青一色的紧身密扣的服装,身前背着一面大鼓,手持一个长穗头的鼓槌,名曰"冲锋鼓"。

清代道光年间,有一年刘家台村的耍会队伍抬着天仙圣母神像去太平顶赶会,走到宋家疃村时,天下起了大雨,只得停下避雨。雨停后,他们准备继续赶路,可是无论如何也抬不起圣母神像。队伍中的老人说:"这是圣母要在此安家。"宋家疃村民就在此处修了一座庙,名曰"天仙圣母庙"。有了圣母庙,就有了"天仙圣母会"。每年各村耍会队伍都要到此庙祭祀圣母,然后再去太平顶赶会。雷鼓又成了赶会队伍的"祭祀鼓"。

雷鼓队活动大多是在每年的庙会和重要节日,特别是农历四月十八日"太平顶山会"进行。农历四月初五,雷鼓队开始活动,先由鼓头组织"彩划(排练)",做好各项准备工作。四

图二　福山雷鼓表演

月初十"行会"（拉村），实际上是正式演出之前的一次预习。四月十八日正式开始。雷鼓是十八路赶会队伍的开路鼓，击鼓舞蹈者队列两行，大鼓12面，多则不限。表演者胸前挎一大鼓，右手握槌。队前有一指挥者，称"鼓头"，鼓头一声鼓令，击鼓者手挥木制鼓槌摇穗打鼓。鼓槌时打鼓面，时击鼓帮，打鼓面鼓声浑厚，击鼓帮鼓声清脆。鼓有节奏地发出隆隆响声，是谓"雷"，尽显开路鼓的威风。

福山雷鼓鼓谱没有一定的规律，套路都是当地老艺人自创的。他们凑在一起，你一句，我一句，慢慢就创出了一个个套路。

福山雷鼓演奏时，用到的工具有鼓、鼓槌等。鼓，扁平圆形，木制，高29厘米，鼓面直径59厘米，呈两端细、中间粗的圆形柱体，外涂蓝漆、红漆，或呈原木色；上下鼓面蒙整张牛皮；鼓面中间绘太极阴阳图；鼓帮绘文王八卦图；鼓身两端各固定两只龙头形的环，环上拴五尺长的鼓带。鼓槌，柳木制，红色。鼓槌把手上刻有龙，两只龙眼上方各有一根能弹动的钢丝，钢丝上系一绒球，绒球内各裹一个能响动的铃铛。鼓槌把手后刻有一槽，拴着十几枚铜钱，鼓槌尾系有红色彩绸。鼓槌挥舞，铃响叮当，铜钱"唰唰"，彩绸飞扬，煞是壮观。

福山雷鼓演员们的服饰也因其所持工具不同而略有不同。高兆旗手头扎方帕，红色绸带围头勒于脑后，头前有一对红绒球；上身着蓝色对襟上衣，外罩红色坎肩，腰系蓝色腰带；下身着蓝色长裤，扎裤脚；脚穿圆口布鞋。鼓头头戴红色方巾，系红色飘带；穿红色对襟袄，前襟绣有"龙"形；下身穿红色裤，扎蓝色腰带；穿黑色圆口布鞋。雷鼓队员服饰为对襟袄、灯笼裤、黑布鞋、红腰带。有经验的人根据服饰便可知晓演员在表演中担任的角色。

福山雷鼓是福山民俗文化的一个缩影，寄寓了民俗的多重特性。除了每年春节进行雷鼓表演外，重要活动也都少不了福山雷鼓队的表演，它已成为福山人民不可或缺的民间艺术活动。制作电视片，整理相关资料出书，福山雷鼓正以多种多样在方式出现在人们的生活中。福山雷鼓是当地精神文化沉淀的结果，是当地人民群众集体智慧的结晶。加强对它的研究，对于人们更为深刻地理解胶东文化也具有重要作用。

月宫图

> 2009年,寿光市的"月宫图"被山东省人民政府列入第二批省级非物质文化遗产名录。

早在新石器时代,就有先民在寿光居住。北辛文化、大汶口文化、龙山文化、岳石文化,连绵不断,使得寿光市成为山东省文化发展脉络比较繁荣的地区。一种名叫"月宫图"的古老的民间舞蹈得以在这片土地上生生不息,流传至今。

月宫图在寿光一带广泛流传,其最早发源于寿光南关村。据老艺人张明经(1922—1992)讲述,月宫图传到他时是第三代,他的师傅尹月堂是跟一个被流放到此地的囚犯学的。那名囚犯姓柳,扬州城南人,能写会唱。其刑满之时,为了感谢当地民众的关照,将其保留多年的宫廷灯舞传授给当地的民众,这也是月宫图在当地流传之始。

月宫图大都在丰年盛世的春节至正月十五演出,群众自愿组织,反映"天下太平,国泰民安"的大好局面,深受当地群众的喜爱。同时,月宫图表演也吸引了当地官府的关注,每年喜庆时,官府都会邀请南关村的月宫图进府演出。

月宫图采用了构图丰富、表演多变的艺术手法,十分讲究形式美。舞蹈一开始就是16名舞女手持64个小灯笼翩翩起舞,如同仙女下凡。以个体的小灯笼作为构图中的点,以点的运动连接为画面的线,又以点线的律动变化构成形形色色的月亮图案。64个小灯笼构成一个"大月亮",接着又构成"两月对照",即成双成对的月亮,忽而又构成"四季平安"四个月亮的图形。另外还包括"黄龙摆尾",由数十个灯笼蜿蜒伏动,上下翻滚,像一条巨大的火龙;"天下太平"是数十个灯笼在空中形成一个月亮的图案。同时还形成了两种月亮图案,为天月亮是在旋转的过程中,忽而将小灯笼降于地平面,又形成了一个月亮图案;为地月亮则可以随即变成"天""下""太""平"四个大字。同时,月宫图还以"摔灯""卷箔""双换""对灯""挂帘子"等多种多样的形式构成了丰富多彩的画面。整个舞蹈采取了大小、前后、里外、单双、点线、纵横的变换形式,16个舞节,72个多变的画面,各种形式的月亮组成了人们理想的"天下太平"的图样。

月宫图表演自始至终配有女声伴唱,舞女和歌女互相配合,边舞边唱,舞中有声,声中有舞。在音乐设计上,月宫图运用了较慢的节奏,曲调缠绵轻柔,乐曲婉转动听,歌随舞起,舞随乐合,相映生辉,富有古典音乐的风格。不同的场景,演唱内容不同,表演到"大月亮"一幕时,人们唱《大月亮曲》;表演到"祥光普照"时,人们唱《天桥曲》;表演到

图一 "天下太平"图样

图二　月宫图表演

"天下太平"时，人们唱《刘海戏金蟾》，这时64个小灯笼巧妙地摆成"天""下""太""平"的图样，音乐欢快喜悦，气氛升华到高潮。同时，月宫图表演还伴有轻快的打击乐，歌中有舞，舞中伴影，声中有情，情在舞中，声情交融。这种载歌载舞的场景增强了艺术效果。

艺中有技，技在艺中。16名舞女的每一个脚步、每一个手势、每一个转身，64个小灯笼的每一次显示、每一次组合、每一次旋转、每一次停留，都使月宫图有情、有声、有形，有诗情画意，有生活气息，有强烈的艺术感染力，经久流传，常演不衰。

月宫图的歌词古朴典雅，主要内容包括天宫仙女向往人间生活，庆贺人间丰收，祝福人间太平安乐等方面，且随着表演时灯笼图案的变化，唱词也与其相对应。

当画面出现"大月亮"时，唱词是：

"王母传仙离广寒，大家逐位几重天，闻听说，人间摆寿宴。"

"船到江心水飘挥，扯起杆东方亮，愁煞人，何日到在江边上。"

当画面出现"天"字时，唱词是：

"刘海步步戏金婵，老君炉里炼仙丹，东方朔，酒席宴前把桃献。"

当画面出现"下"字时，唱词是：

图三　月宫图演员

"元宵节可逍遥，灯笼月下会多娇，喜滋滋，一边羞来一边摇。"

当画面出现"太"字时，唱词是：

"红娘承命到书房，舌尖润破纸纱窗，张君瑞，连衣卧在雅床上。"

当画面出现"平"字时，唱词是：

"安江浙富贵花，万朵辉辉武魏伐，三五夜，不得禁正好祯祥。"

月宫图主要用打击乐（堂鼓、大锣、大钗、大钹、碰铃、手锣）和民乐（丝弦、笛子、笙）伴奏，乐调轻幽、柔美、婉转动听。当画面出现"天下太平"的图样时，音乐欢快、激越，演出气氛进入高潮。

月宫图表演时用到的小灯笼的制作也非常讲究。制作时用槐木做一个"T"字形灯架，涂红色，两旁安铁环并各挂一盏灯。灯用竹篾扎制，底部安木板，板上装钉、插蜡烛，竹篾裱糊粉红色纱布。灯笼握把长约65厘米，横杆长约55厘米，小红灯笼可自由摆动。灯内蜡烛是用牛油和白醋混合熬制而成，火苗较长，其光明亮闪烁，摆动不倒，风吹不灭，不滴油，更不会出现"蜡泪飞溅"的现象。

舞女的穿着为古代宫女装束，具体穿着可分为两类：一类是宫女穿着。脑后束散辫，头上插绢花，头顶一朵大红绸花，绸两端从两耳下垂；身穿大

图四　根据民间传统方式扎制舞灯

红色偏襟褂、彩裤、百褶裙，披大红云肩；脚穿彩鞋。另一类是仕女穿着。头上盘双髻，套绢花；身穿粉红色偏襟褂、彩裤，扎粉红色绸腰带；脚穿彩鞋。

月宫图构思精巧，组图新颖，反映了盛世盛景、国泰民安、福寿康乐、五谷丰登的美好情景。从20世纪90年代以来，月宫图不断被收编于各类相关书籍，如《中国民族民间舞蹈集成》（山东卷）、《齐鲁特色文化丛书》等，对这一舞蹈的传承奠定了基础。月宫图在不同的历史时期，对于弘扬民族文化，繁荣群众文化生活，反映和歌颂社会发展新面貌都起到了积极作用。

闹　海

2009年，寿光市的"闹海"被山东省人民政府列入第二批省级非物质文化遗产名录。

过去，寿光当地群众每年开春出海之前，都要在海神庙和龙王庙前举行盛大的闹海活动，以求大海风平浪静，保佑出海人平安归来，其中以圣城街道南胡村的表演最为出色。

后来，随着生产、生活条件的改变和人们思维观念的变化，人们从最初简单的祭拜活动，到根据海中鱼、龟、虾、蟹、蚌、蛙、螺等形象扎制生动鲜明的道具，并将其装扮在表演者头部或上身，进行有序的表演。随着闹海活动越来越丰富多彩，它在当地人心中逐渐占据了不可取代的位置。海仙扮相生动活泼、千姿百态、栩栩如生，人们在出海前进行表演，以表示对海仙的敬重，求

图一　闹海表演

得海仙的保佑。

闹海属于广场舞，其表演队形有"辫子花""里梅花""梅花斗""正反推磨""四门八斗""四门斗""里八卦斗""鳗鱼盘座""双龙摆尾""八卦斗""卷菜心"等形式。演出角色分为"海仙""众仙""舞云者""丑婆"四种。至于表演人数，有"四四式""六六式""八八式"（即每种角色由四人、六人或八人表演），少则几十人，多则百余人。表演者男女相间，表演形式以跑场为主。表演者因其角色不同，表演动作也会不同，具体介绍如下：

鱼仙：鱼翔步。演出者双手绷紧身上的挎带，俯身低头，屈膝碎步小跑，跑"S"形路线时，身体随之左右拧倾。

虾仙：虾跳步。演出者除双手后抬托住虾壳外，其他同鱼翔步。上身姿态不变，两拍一次，先左脚起跳，然后右脚向后跳两次。

蛙仙：蛙蹦步。演出者双腿保持骑马步，躬身前俯，左脚起。每拍一步提腿向前行，上身随之左右摇摆。走四步后，双手撑地蹲下，向前模拟蛙蹦两次。蹦起时双手前扑，落下时双手先着地，然后脚再落地全蹲。

螺仙：螺旋步。演出者两手绷紧肩上的挎带，俯身低头，碎步向前小跑，第一拍至第四拍时，渐转向左侧；第五拍至第八拍时，渐转向右侧。此外，还有蹲旋步。双腿全蹲，碎步向左转一

图二　部分闹海表演角色

圈，再向右转一圈。

蟹仙：蟹行步。演出者双手绷紧肩上挎带，向前俯身低头，右脚在前，向左碎步横移几步，然后左转身半圈成左脚在前、向右碎步横移。此外，还有横爬步。双手撑地，上身挺直，手脚并用地向左或向右爬行横移。

蚌仙：蚌行步。演出者双手抓住蚌壳两侧的把手，上身前俯，双脚交叉碎步前行，同时双手反复四拍一次张合蚌壳；双手将壳合起，踮双脚走花梆步向左横移，撤左脚成右"踏步半蹲"，双手顺势将蚌壳分开，做第一拍至第四拍的对称动作。双腿姿态不变，将蚌壳合闭，俯身低头，两臂旁抬，使蚌壳背朝上、向右蹲转一圈成右"踏步半蹲"。上身顺势抬起，眼看前方。

龟仙：龟行步。演出者双腿"大八字步半蹲"，每拍两步踮脚提膝前行，双手各持一棒稍屈肘旁抬，每拍同时外挽腕做一次划"∞"字形，上身随之左右摇摆。

舞云者：双手各持云牌走圆场前行或横移，要始终保持云牌正面向前。

丑婆：右手持破芭蕉扇，动作随意，踏着锣鼓点诙谐风趣地自由扭动，即兴表演。

闹海中用到的海仙形象均仿照制鱼筐的方法，用铁丝、竹篾扎架成形，然后蒙布彩绘，安上挎带（或把手），底沿缀上绸布制成。只有龟仙除制作龟壳外，还要制作一个龟头，在龟颈底部缀上遮布与龟壳相连，像戴帽子似的将龟头戴于舞者头上，用遮布掩盖住脖子。舞云者的云牌是用三合板锯成形，两面均涂白色，绘天蓝色云纹，最后在背面安一个把手。对于破芭蕉扇的制作，只需将芭蕉扇的边沿撕破即可。

在演员着装上，鱼仙、虾仙、蛙

图三　闹海道具制作

仙、螺仙、蟹仙、蚌仙、龟仙等均穿黑色对襟上衣、彩裤、彩鞋。其中，蚌仙头饰无定规，穿粉红色偏襟褂、彩裤、彩鞋，扎粉红色绸腰带。舞云者的穿着是头扎蓝色方巾，插红绒球，穿蓝色对襟上衣、彩裤、快靴。丑婆头戴罩风套，穿镶黑色边的紫色偏襟褂、彩裤、彩鞋。

闹海表演手法夸张，闹中有序，序中有活，活中不乱，乱中有规，千姿百态。闹海作为一种古老的文化艺术，是珍贵的非物质文化遗产。相关部门积极组织周边村庄的老艺人一起整理相关资料，共同参与到传承闹海这一民间艺术中来。每年正月十五举行大型文艺活动、比赛时，不断地挖掘民间舞蹈人才，充实闹海表演队伍，创新表演形式，不断促进传承新人才，真正做到后继有人，传承有序。